A Mélisande

Couverture photo R. FALIGANT.
Mélisande : Anne-Marie BLANZAT
Production de l'Opéra du Rhin
Décors, costumes, mise en scène de René TERRASSON.

« REGARDE À L'INTÉRIEUR DE TOI-MÊME ET TU Y DÉCOUVRIRAS LA PIERRE CACHÉE. »

Rituel d'initiation alchimique.

«JE TE MONTRERAI OÙ EST LE PUITS, OÙ EST LA CORDE, OÙ EST LE SEAU, JE T'APPRENDRAI À TE SERVIR DE LA CORDE ET DU SEAU... MAIS JE NE TIRERAI PAS L'EAU POUR TOI. »

Les Věda.

« CE QUI IMPORTE C'EST D'ALLER VERS ET NON D'ÊTRE ARRIVÉ, CAR JAMAIS L'ON N'AR-RIVE NULLE PART, SAUF DANS LA MORT. »

Saint-Exupéry (Citadelle).

René TERRASSON

PELLÉAS
ET MÉLISANDE

ou

L'INITIATION

PRÉFACE DE
François LESURE

EDIMAF
Editeur
16 bis, rue Cadet
75009 PARIS

PRÉFACE

En réinsérant **Pelléas** dans l'univers de Maeterlinck, René Terrasson nous apprend plus sur le chef d'œuvre de Debussy que n'importe quelle nouvelle analyse musicologique. En le lisant, on a en effet la conviction que cette dimension est indispensable à une interprétation correcte tant de la psychologie des personnages que du sens général de ce drame de l'incommunicabilité. Une étude aussi poussée de chaque scène de l'œuvre au travers du tamis symbolique donne aux mots et aux situations un relief impressionnant. Sans doute faut-il se garder de parler ici de clé, comme si l'œuvre avait son secret dans l'hermétisme. Mais, en permettant une compréhension adéquate de chaque terme, de chaque allusion au texte, ce livre fournit la meilleure des introductions à **Pelléas.** En se laissant baigner dans l'atmosphère poétique, on risque de rester à un niveau trop simpliste du langage : « *Je vois une rose dans les ténèbres* » (Mélisande) ou « *J'ai vu passer un loup dans la forêt* » (Golaud) ne sont pas seulement des images destinées à créer l'étrangeté mais correspondent à un message qui s'insère dans un tissu très dense de significations. Dans cet esprit, René Terrasson tire la leçon des changements apportés par Debussy au texte de Maeterlinck : un Pelléas moins prémonitoire, un Golaud plus humain, une Mélisande mieux révélée. Quand à Arkel, sa prétendue sagesse, si souvent invoquée par les exégètes, est remise à sa vraie place : celle des « raisonnements dérisoires ».

En ce qui concerne la musique, elle est également présentée sous un nouveau jour : les quelques thèmes proposés autrefois par M. Emmanuel symbolisant les personnages et quelques lieux de l'action font place à pas moins de trente-six cellules. Cette audacieuse multiplication rejoint les conceptions récentes tendant à décrire l'écriture du Debussy de la maturité sur la base non de véritables thèmes mais de brefs motifs, à valeur mélodique ou rythmique. Là encore, c'est plus l'esprit que la lettre de l'analyse qu'il faut retenir. René Terrasson nous a lui-même mis en garde dès le début, en rappelant le mot du musicien à propos du jeu qui consiste à démonter les œuvres « comme de curieuses montres ».

Au reste, l'attitude de Debussy devant l'ésotérisme et l'occultisme doit aussi être nuancée. Comme beaucoup de ses amis symbolistes, il a, dans sa jeunesse, été séduit par ce monde de pressentiments, de dédoublements et de rêves, qui bouleversait les données de la réalité quotidienne aussi bien dans les arts plastiques que dans la poésie. Mais il n'était pas question pour lui de s'enrôler, comme Satie, sous la bannière des Rose-Croix. En dehors de la musique, il ne fut jamais « engagé » dans aucune cause, même s'il fut parfois poussé par des velléités. N'a-t-il pas voulu mettre en musique l'**Axël** de Villiers de l'Isle-Adam, tragédie du renoncement et du mystère ? Plus tard, ce sont les **Noces de Sathan** de l'occultiste « métapsychique » Jules Bois pour lequel, par amitié, il accepte d'écrire de la musique de scène. C'est enfin l'occasion de révéler ici qu'en plein succès de Pelléas il promet d'écrire une chanson pour le **Pèlerin d'amour** de Victor-Emile Michelet. Ce n'est pas par hasard que ces trois projets n'aboutirent pas : « Tout cela, écrit-il à J. Bois, est par trop dans l'inconnu et un peu « mauvaise aventure ». Au moment même où on le croit intégré dans cette ambiance, un de ses camarades de la Villa Médicis affirme qu'il se délectait des **Déliquescences** d'Adoré Floupette, plaisante satire de l'hermétisme débordant de certains « occultistes » du temps !

Sachons gré à René Terrasson de nous faire comprendre tant de « prolongements » de la partition de Debussy en nous évitant d'emporter avec nous dans ce voyage les ouvrages de Jung ou le Dictionnaire des symboles. Il nous aide même à saisir ces « silences actifs » dont parlait Maeterlinck et l'on finit par se sentir chez soi dans cet obsédant royaume d'Allemonde.

François Lesure

INTRODUCTION

En septembre 1979 alors que nous nous trouvions en Belgique à l'occasion d'un concours international de chant, Emmanuel Bondeville me rapportait une réflexion de Massenet, souvent citée par Gustave Charpentier et dont ce dernier avait été témoin. Au conservatoire, à l'issue de sa classe, Massenet était accaparé par ses élèves qui sollicitaient de lui un avis sur eux-mêmes ou leurs condisciples des autres classes. L'un d'eux lui demanda un jour ce qu'il pensait de Claude Debussy et Massenet, soudain grave, répondit : « celui-là... c'est l'énigme. »

A ce jugement laconique qui exprime bien les inconnues entourant déjà Debussy homme et musicien, François Lesure semble répondre en écrivant : « Malgré tant de travaux biographiques, Debussy reste à expliquer en profondeur sur le plan psychologique » (1). *Sans doute n'y parviendra-t-on jamais, tant les paradoxes existent chez le compositeur, mais grâce à la publication de sa correspondance on cerne mieux certaines constantes qui, en se manifestant avec régularité, ont été les pulsions de la vie créatrice de Debussy.*

On sait ce que furent ses goûts, ses inclinations, ses faiblesses, ses rancœurs, ses amertumes. On connaît ses fréquentations contradictoires. On peut décrypter ses écrits et ses agissements. On lève le voile masquant les terres ensoleillées qu'il recherchait en se déclarant le « maniaque du bonheur »...

Enfin, l'évocation de ce que Debussy lui-même écrivait montre sans équivoque ce droit à la différence qu'il ne cessait de réclamer :

« On s'obstine autour de moi à ne pas comprendre que je n'ai jamais pu vivre dans la réalité des choses et des gens, d'où ce besoin invincible d'échapper à moi-même dans des aventures qui paraissent inexplicables parce que j'y montre un homme que l'on ne connaît pas et c'est peut-être ce qu'il y a de mieux en moi ! D'ailleurs un artiste est par définition un homme habitué au rêve et qui vit parmi des fantômes... »

« Comment veut-on que ce même homme puisse se conduire dans la vie quotidienne dans la stricte observance des traditions, lois et autres barrières posées par le monde hypocrite et lâche ? » (2). *Il s'obstinait...* « Nous vivons à une époque bien étrange où l'on veut tout dire, tout savoir, tout publier. Quand respectera-t-on notre mystère à nous ? » (3). *Toute la véhémence de Claude Debussy tendra, sa vie durant, à préserver une personnalité dont il ne livrera l'hypersensibilité qu'à de très rares amis gardant, même vis-à-vis d'eux, les énigmes d'une âme qu'il laissera peu entrevoir :* « Savez-vous une émotion plus belle qu'un homme resté inconnu le long des siècles, dont on déchiffre par hasard le secret ?... Avoir été un de ces hommes... voilà la seule forme valable de la gloire. » (4)

Ces paroles forcent la réflexion et, puisque le compositeur lorsqu'il fut critique musical a défini sa manière d'être : « J'essaierai de voir, à travers les œuvres, les mouvements multiples qui les ont fait naître et ce qu'elles contiennent de vie intérieure. N'est-ce pas autrement intéressant que le jeu qui consiste à les démonter comme de curieuses montres ? » (5), *puisqu'il estima que...* « la musique est une mathématique mystérieuse dont les éléments participent de l'Infini » (6) *plutôt qu'à la recherche d'harmonies analysées souvent (7), c'est vers cet Infini qu'il faut tourner les regards au seuil de Pelléas et Mélisande.*

C'est à la rencontre des énigmes perçues par celui qui sut « limiter le rôle de son intelligence pénétrante pour laisser, quand il le fallait, la priorité à l'intuition créatrice » (8), *qu'il faut aller. Dans cette approche – et parce qu'il l'a lui-même voulu – Claude Debussy, le musicien est indissociable de Maurice Maeterlinck, l'écrivain...*

Claude Achille Debussy né le 22 août 1862

Maurice Maeterlinck né le 29 août 1862.

L'ALCHIMIE D'UNE ŒUVRE

Les opéras écrits à partir d'une pièce de théâtre sont peu nombreux. Dans cette forme où le compositeur utilise un texte qui n'a pas été prévu pour cet usage, l'achèvement ne présente pas toujours ce que l'on pourrait attendre. Souvent la musique prend le pas sur le mot, le déborde et l'empêche d'arriver jusqu'à la compréhension des auditeurs. Parfois aussi la ligne vocale ajoute à l'impossibilité d'articuler le texte et de l'exprimer. Il est peu d'exemples d'une rencontre aussi parfaite que celle advenue entre Claude Debussy et Maurice Maeterlinck. Il faut oublier le conflit créé entre le musicien et le poète pour garder la conscience d'une identité totale entre leurs aspirations et leurs motivations profondes.

Issus tous deux d'une époque qui voyait, avec le fin du XIXᵉ siècle, un prodigieux besoin de renouvellement bouleverser le naturalisme et le rationalisme en vogue jusqu'alors, il furent de ceux dont la création idéaliste rendit à l'Art les pouvoirs du Mythe. Quelles étaient les circonstances qui favorisaient la recherche de spiritualité, le retour aux formes occultes des pensées et qui amenèrent un petit groupe d'hommes à fonder une action pour affirmer leurs idées : le Mouvement Symboliste ? Si l'on n'accorde pas un regard à ces moments, l'étude de Pelléas et Mélisande ne peut demeurer qu'au niveau des apparences.

En disparaissant, le Romantisme avait laissé grande ouverte une porte où s'engouffraient Matérialisme et Réalisme. Au théâtre se cotoyaient les tendances les plus diverses allant des thèmes bourgeois gorgés de sentiments redondants aux frissons de l'encanaillage trouvés en flirtant avec les manifestations populistes, le tout mis en image par les « Chers Maîtres » de la peinture officielle. Nulle époque ne fut plus riche en contrastes et potentialités que celle-ci. Pour s'en convaincre il n'est que de mettre face à face, parmi tant d'autres, Déroulède et Rictus, Becque et Maupassant, Sardou et Strinberg, Cabanel et Manet, Coppée et Jarry...

Dans le même temps, cette fin du XIXᵉ siècle voyait l'apparition des techniques industrielles évoluées et l'épanouissement du machinisme. Le XXᵉ siècle était proche, où paraîtrait l'univers du bruit, de la pollution et du saccage institutionnalisés !

C'est donc à la fois d'un phénomène de rejet contre les altérations de l'esprit, du besoin d'un retour aux sources de l'Etre, d'une prescience d'un avenir où la mécanisation finirait par dépasser son créateur, l'homme, qu'est né le Mouvement Symboliste. En un sens, on peut dire qu'il représente une mise en garde. Il fut, pour ceux qui le créèrent ou y adhérèrent, la prise de conscience des dangers encourus par l'humanité dans une période de mutation aux conséquences incalculables.

Nul étonnement, alors, de voir ressurgir la grande Tradition Hermétique unissant Francs-Maçons, Kabbalistes, Martinistes et Rose+Croix dans la nécessité de préserver les valeurs spirituelles.

Dans le domaine des Arts, ressuscitant l'Ordre Rosicrucien, Joséphin Péladan, le méconnu, (9) affirmera mieux que quiconque le pourquoi de cette démarche qui rompait avec toutes les formules et créait un langage nouveau à partir d'un mot oublié : le Symbole.

On peut définir les moments du Symbolisme comme l'instant supérieur où l'Art mêlé à la Mystique atteignit le sens même de l'existence dans les interrogations métaphysiques privilégiées.

A la base de ce Mouvement, un révélateur : Villiers de l'Isle Adam ; un édificateur : Stéphane Mallarmé. Eux-mêmes issus ou mêlés à d'autres influences : celles de Wronsky, Gérard de Nerval, Victor Hugo, Eliphas Lévi, V.E. Michelet, Baudelaire, Wagner... et tant d'autres.

Tous ceux qui venaient à Paris, devenu centre des idées, se pénétrer de l'esprit nouveau, se retrouvaient dans les cénacles spontanément formés : la Librairie de l'Art indépendant, la Brasserie des Martyrs, les Mardis de Mallarmé, pour ne citer que ceux-là (10). Indissociable du Mouvement Symboliste parce qu'il était de ses racines (et non un simple épigone comme on l'a cru) le Mouvement Rose+Croix regroupait, adhérents ou sympathisants : Maurice Barrès, Odilon Redon, Stanislas de Guaita, V.E. Michelet, E. Bourges, J. Lalou, Huysmans, Villiers de l'Isle Adam, Barbey d'Aurevilly, Manet, Oscar Wilde, Keats, Henri de Régnier, Moréas, Morice, J. Laforgue, J. Bois, Sédir, Claude Debussy... La liste est longue de ceux qu'on appela « les occultistes » et qui, simples partisans d'une idée, se dirent initiés pour mieux affirmer leur adhésion à ce qui devait sonner la fin du scientisme. La femme de Catulle-Mendes, Judith Gautier, fille de Théophile Gautier, était initiée aux Hautes Sciences, et la sœur d'Henri Bergson avait épousé Mac Gregor Mathers, Hermétiste fervent de la Société Rosicruciana Anglia ! Ce n'est pas le moins étrange de constater la résurgence de cette « *mystérieuse fraternité à éclipses, qui perdure depuis au moins trois siècles, dont les ramifications sont complexes, et qui groupe, dans un même idéal et une même action, des personnalités hors de la norme... en une sorte de complot du Bien, du Beau, du Vrai, et usant d'un langage symbolique.* » (11).

« *A chaque fois qu'ils reparaissent, ils ont une influence discrète et décisive. C'est là leur vrai et authentique secret : ils élargissent à l'infini l'horizon intellectuel.* » (12)

Pour ces esprits, la musique était considérée comme le moyen privilégié d'exprimer l'inexprimable. Le culte de Wagner avait été introduit en France par Gérard de Nerval et cet héritier des Illuminés, cet adepte des Sciences maudites, cet « *enfant précocement nourri d'occultisme et de magie, féru de merveilleux et de surnaturel, adolescent tôt captivé par le Symbolisme de Goethe* » (13) (ce dernier Franc-Maçon comme l'était Mozart, il ne faut pas l'oublier dès qu'on approche le Symbolisme) en révélant le musicien allemand avait ressuscité la poésie Orphique, cette accession au sublime, cette communication établie par le lyrisme de la musique et de la voix chantée entre les mondes invisibles et les ténèbres de l'univers humain (14).

Richard Wagner incarnait à lui seul le bouleversement qui rejetait la prépondérance de la Poésie considérée comme seul Art supérieur par Hegel et Goethe. En substituant, aux tournures classiques de l'opéra, le Drame musical issu de l'union musique-poésie, Wagner créait une forme théâtrale qui fuyait l'esthétisme et prenait pour objet les notions cosmogoniques essentielles. Par le biais des mythes et des légendes, le poète fournissait au musicien les supports archétypés et magnifiés qui seuls, selon lui, pouvaient permettre l'expression de la quintessence. Les dieux prenaient en charge l'Humain et le musicien ne faisait plus qu'un avec le poète pour mieux parvenir à l'incommunicable. Tant fut grand l'enthousiasme de ceux qui se retrouvèrent dans les conceptions wagnériennes qu'ils en prirent la part majeure pour l'annexer au Symbolisme latent et qu'ainsi Baudelaire put s'écrier : « *Il me semble que cette musique est la mienne* ».

Bravant hostilité et railleries, Edouard Dujardin, Catulle-Mendes, Verlaine, Schuré, Péladan et Villiers se firent les hiérophantes du musicien et la « Revue Wagnérienne », fondée par Dujardin en 1885, propagea jusqu'en 1888 les idées de Richard Wagner, « *non seulement musicien extraordinaire, mais encore et surtout, réformateur de l'Art, glorieux initiateur ; fondant ses théories artistiques sur les plus profondes notions philosophiques* ». (15)

Ainsi naquit la notion musicale primordiale qui s'attacha au Symbolisme. Dès lors, les poètes chercheront à recréer par la magie des mots les mystères qu'ils enviaient à la musique et les musiciens interrogeront les profondeurs et ne se contenteront plus des formes.

Ni Debussy, ni Maeterlinck n'échapperont à ce gigantesque mouvement de l'esprit.

Tôt venu à Paris, Maeterlinck avait trouvé chez Ruysbroek, Carlyle, Novalis, Plotin, les correspondances mystiques vers quoi sa nature fondamentale l'inclinait (16). Il rencontrera auprès de Mallarmé et de ses disciples les pensées qui le conduiront au Symbolisme. Il va puiser en Shakespeare comme en Edgard Poe les climats de ses inquiétudes, la démesure d'un univers mystérieux où une « *nature dite inanimée participe de la nature des êtres vivants et, comme eux, frissonne d'un frisson surnaturel et galvanique* » (17). Le monde des demeures obscures, des souterrains pestilentiels, des angoisses et des pressentiments, de la bassesse, de la grandeur et de la peur. Il voudra « *comme Edgard Poe, chercher, par le surnaturel, à appréhender la nature même de la condition humaine* » (18). Surtout, il connaîtra Villiers dont V.-E. Michelet écrivit : « *Pour un esprit de large envergure, la spéculation philosophique ne peut être qu'un apéritif. Il ne peut s'en contenter, car le simple philosophe, si fort d'entendement soit-il, n'a pour point d'appui que sa seule intelligence faillible et n'est point maintenu par une tradition certaine... Les théologies strictes, la mystique aux formes variées, les kabbales, portes redoutables ouvrant sur la voie de l'Initiation, de l'Illumination intérieure, s'offrent seules comme des auxiliaires fermes. Villiers chercha de ce côté sa voie, la bonne voie, l'unique* » (19).

C'est donc cette « individualité puissante ayant reçu le privilège d'atteindre d'un coup d'ailes les cîmes de la sagesse, alors que la quasi unanimité des cherchants doit monter péniblement pas à pas jusqu'aux hauteurs de la Montagne Sainte » (20) qui révéla Maeterlinck à lui-même et l'emmena vers un univers recréé par l'homme en lui-même.

« *Tout ce que j'ai fait c'est à Villiers que je le dois, à ses conversations* » ; il était « *l'homme providentiel qui, au moment prévu par je ne sais quelle bienveillance du hasard, devait orienter et fixer ma destinée* » ; car « *La Princesse Maleine, Mélisande... et les fantômes qui suivent attendaient l'athmosphère que Villiers avait créée en moi pour y naître et respirer enfin* » (21).

Dans les lieux que fréquentaient les esprits avides de connaissance venait aussi Debussy, et les influences qui déterminèrent Maeterlinck agirent de même sur le musicien, (l'étonnant est que les deux hommes ne se rencontrèrent jamais en ces endroits, autant qu'on sache). Au contact de ces échanges, Debussy voudra « *créer une œuvre dramatique qui conduise au cœur des consciences, qui situe les forces qui déterminent le destin de l'homme lui-même* » (22). Il s'intégrera dans cette « angoisse métaphysique » de l'époque. Il vivra, lui aussi le renouveau d'un idéalisme puisant ses sources au plus profond des traditions occultes. Jaloux de son indépendance, spectateur attentif du mouvement des autres, Debussy restera en retrait des chapelles. Il ne suivra pas inconditionnellement Eric Satie sur la route tracée par Jules Bois et Joséphin Péladan, bien que son nom apparaisse sur les références rosicruciennes (23) mais il s'imprégnera des idées qui se

« *rencontraient partout, dans la littérature et dans la musique, dans la philosophie et dans la peinture* » (24) et dont la mystique correspondait en bien des points à ses propres nostalgies. « *J'aimerai toujours mieux une chose où, en quelque sorte, l'action sera sacrifiée à l'expression longuement poursuivie des sentiments de l'âme* » (25)... et surtout, il cherchera le moyen d'exprimer ce qu'il ressentait, à la fois en union et en opposition avec la pensée wagnérienne qui, tout à la fois le fascinait et heurtait sa sensibilité, sa pudeur et son goût.

Selon Debussy, l'atmosphère musicale doit faire corps avec l'atmosphère morale ou physique : seul le personnage doit expliquer son état d'âme, sans qu'il soit nécessaire pour cela de recourir à un déferlement symphonique. Deux émotions doivent pouvoir être perçues simultanément. La mélodie pure et gratuite doit être rejetée car elle est impuissante à traduire la mobilité des âmes et de la vie. Avant tout importe la dynamique de l'action : il faut se passer des phrases musicales parasites, ne jamais consentir à ce que la musique empiète sur le mouvement des sentiments et des passions des personnages... « *La musique est faite pour l'inexprimable* ». Pour y tendre, Debussy précise « *Je rêve de poèmes qui ne me condamnent pas à perpétrer des actes longs, pesants, qui me fournissent des scènes mobiles, diverses par les lieux et le caractère ; où les personnages ne discutent pas, mais subissent la vie et le sort* ».

Il fallait à donc Debussy le talent d'un écrivain qui « *disant les choses à demi me permette de greffer mon rêve sur le sien ; qui concevra des personnages dont l'histoire et la demeure ne seront d'aucun temps, d'aucun lieu, qui ne m'imposera pas despotiquement la "scène à faire" et me laissera libre, ici où là, d'avoir plus d'Art que lui et de parachever son ouvrage* »... « *Depuis longtemps, je cherchais à faire de la musique pour le théâtre, mais la forme dans laquelle je voulais la faire était si peu habituelle qu'après divers essais j'y avais presque renoncé... Je voulais à la musique une liberté qu'elle contient peut-être plus que n'importe quel Art, n'étant pas bornée à une reproduction plus ou moins exacte de la Nature, mais aux correspondances mystérieuses entre la Nature et l'Imagination* » (26).

Maeterlinck fut donc l'auteur élu entre tous. Pourtant, quand on lit sans y être préparé le texte de Pelléas et Mélisande on s'étonne de ce choix et certains exégètes de Claude Debussy ne se sont pas privés d'en gloser. Pour d'aucuns, la musique « *fait passer à l'arrière-plan les puérilités et les longueurs du poème* » (27) et pour d'autres, « *l'écrivain a mis en batterie tout au long de son œuvre tout un arsenal de symboles, dont certains sont d'un beau potentiel poétique, dont quelques autres ne s'élèvent pas au-dessus du lieu commun et dont les moins heureux se rapprochent par le poids et la densité du pavé de l'ours* » (28). A constater cette appréciation qui n'accorde au texte de « Pelléas » que le bénéfice d'une poésie superficielle, on se demande pourquoi Debussy aurait consacré tant d'années à prolonger les méandres d'un verbe creux. Le féroce esprit critique du compositeur aurait bien exercé sa censure (comme il l'exerça à l'égard de Catulle-Mendes en rejetant le « Rodrigue et Chimène » qu'ils avaient entrepris d'écrire ensemble) s'il n'avait discerné les profondeurs du poème, lui qui déclarait : « *J'ai mis douze ans pour faire "Pelléas et Mélisande". C'est vous dire que je ne travaille pas vite. Voyez-vous, on écrit toujours trop et on ne pense jamais assez »...* (29).

L'explication du choix de Claude Debussy se trouve dans l'étude du langage créé de toutes pièces par Maeterlinck à partir du « Symbole » et dans les intentions de ce langage parfaitement perçues par le compositeur.

Le Symbole est bien la plus parfaite fonction créée par l'homme avide de décrypter le sens des destinées ; lui seul permet une mystérieuse communication avec les inconnues du monde invisible. Il unit la matière et l'âme, il se trouve au centre même de celle-ci en se plaçant au plus profond de l'inconscient dans le « ça » originel. Il est la clef qui ouvre à l'imaginaire les portes de l'Infini. Il participe à la fois de tous les mystères, de toutes les abstractions, de toutes les virtualités et de toutes les réalités. Ses manifestations se retrouvent, quels que soient les temps où se révèle la présence de l'homme. Parce qu'il est « le chiffre d'un mystère, le seul moyen de dire ce qui ne peut être appréhendé autrement, il n'est jamais expliqué une fois pour toutes mais toujours déchiffré à nouveau... Le Symbole établit un plan de conscience que l'évidence rationnelle ne peut atteindre » (30).

Le Symbole dépasse le niveau de la simple signification. Par son pouvoir de retentissement, il conduit à l'approfondissement du sens même de l'existence en appelant une transformation profonde de l'être qui le reçoit. C'est une fonction pluridimensionnelle dynamique et non significative. Jung définit le symbole comme « *une image propre à désigner le mieux possible la nature obscurément soupçonnée de l'esprit... Le Symbole n'explique pas, il renvoie au-delà de lui-même ver un sens encore dans l'au-delà, insaisissable, obscurément pressenti, que nul mot de la langue que nous parlons ne pourrait exprimer de façon satisfaisante* » (31). « *Vers les profondeurs insondables du souffle primordial* » dira Klee (32). « *Dans la région des formes préalablement transformées où doit se chercher le secret des énergies mutantes* » ajoute Bachelard (33).

Maeterlinck distinguait deux sortes de symboles : l'une susceptible d'habiller d'une succession d'images une idée abstraite, l'autre capable de dépasser la pensée créatrice et de s'établir à l'insu du poète et souvent malgré lui. L'écrivain pensait qu'une manière de manichéisme présidait à la création de pulsions dynamiques à partir des oppositions mettant en présence la lumière et l'ombre, l'en-haut et l'en-bas, l'ouvert et le fermé, la nuit et le jour, etc... Selon lui, il convient de laisser les formes s'établir et s'organiser spontanément en fonction de la vision intuitive afin d'arriver à traduire l'inexprimable. D'où un langage créé non à partir de l'apparence du Mot mais uniquement en fonction du pouvoir potentiel de celui-ci. Kandinsky a parfaitement analysé cette particularité (34) ; chez Maeterlinck, le Mot est un son intérieur. Le son correspond à l'objet que le mot sert à désigner. Si l'on ne voit pas l'objet lui-même, si le nom seul est entendu, il s'en forme dans le cerveau une représentation abstraite qui provoque aussitôt dans le subconscient une vibration. L'emploi judicieux d'un mot, suivant le sens poétique, la répétition nécessaire de ce mot plusieurs fois de suite n'amplifient pas seulement sa résonance intérieure, ils peuvent faire naître d'autres pouvoirs à ce mot. Un mot qui se répète finit par perdre toute référence à son sens extérieur, l'âme subit alors une atteinte plus complexe que celle donnée par l'apparence. Chez Maeterlinck, tel mot qui au premier abord paraît neutre rend un son lugubre placé dans un contexte donné ; tel autre, simple, d'usage courant, comme « chevelure » par exemple, peut bien employé donner une impression de désespoir, de tristesse sans remède. C'est le secret de l'art de Maeterlinck. Il nous apprend que le tonnerre, les éclairs, la lune derrière des nuages rapides ne sont que des moyens extérieurs qui, sur la scène plus encore que dans la nature, peuvent déclencher des manifestations de terreur hors de proportion avec l'apparence du mot lui-même. Le **Mot** a par conséquent deux sens, un sens immédiat et un sens profond, il est la pure matière de la poésie et de l'art, le seul moyen dont cet art peut se servir et grâce auquel il parvient à toucher l'âme.

Pour s'exprimer, Maeterlinck forme donc un véritable idiome à partir de mots usuels choisis pour leur richesse symbolique ou ressentis confusément comme tels : la lumière, la lampe, la nuit, la lune, l'eau, la mer, la fontaine, les cygnes, les colombes, les chiens, les palais, les châteaux obscurs, les souterrains, le cercle, l'anneau, la couronne, la porte, la fenêtre, la chevelure, l'arbre, la terre, etc. Ce faisant, il se tient dans la voie tracée par Villiers et Novalis, tout en gardant la clarté due à sa propre personnalité, mais il crée un subtil et insoutenable théâtre de l'angoisse où se reconnaîtront Ghelderode, Artaud, Becket... où se retrouvera le Debussy attiré par « le Diable dans le Beffroi » et « la Chute de la maison Usher ». Enfin, il arrive à exprimer la substance même de son esprit à la fois mystique et philosophique et à cerner les grands thèmes de son œuvre : le mystère des destinées, la sagesse des humbles, la vérité des intuitifs, la vanité de la raison pure, la peur devant l'au-delà, l'amour rédempteur, le rôle de la sensibilité dans l'exploration métaphysique. Par sa hantise du passage de la vie à la mort, il rejoint les hermétistes qui placent avant tout leur science sous la dépendance de l'initiation car initier, c'est donner une mort spirituelle considérée comme le franchissement d'un seuil permettant l'accès aux régions inconnues de l'esprit. Alors l'Etre délivré de la gangue de ses imperfections peut espérer rencontrer la Lumière et parvenir à la vérité. Les hermétistes ont toujours identifié la mort au passage vers la connaissance, ce qui sera la constante du théâtre de Maeterlinck.

Cette œuvre théâtrale est plus faite pour être lue et méditée que vraiment représentée. Les textes aux apparences simples recèlent des difficultés redoutables et presque insolubles quand il faut les porter sur scène. Les mots de tous les jours imposent à l'acteur, lorsqu'il les dit, un épuisant effort de tension car leur sens caché ne parvient au subconscient du spectateur que lorsque les pulsions intuitives du subconscient de l'interprète en prolongent la dynamique. Ainsi, seul le psychisme de l'acteur soutient les résonances du Mot au-delà des lèvres qui articulent, de l'intelligence qui guide et de la mémoire qui coordonne.

Nourri aux mêmes courants, l'Infini des âmes étant présent à son esprit, Claude Debussy ne pouvait ignorer la moindre des nuances du texte de Pelléas et Mélisande. Fort de l'autorisation de l'écrivain, adaptant le texte à ses propres vues par des coupures avisées, Debussy trouva, pour un langage littéraire inconnu, le plus inconnu des langages lyriques qui fut jamais établi pour un opéra. On reste confondu de voir comment Debussy crée, afin de permettre au **Son** de stimuler et de coordonner les réactions inconscientes de l'auditeur-spectateur, un système de cellules musicales qu'il pétrit au fil d'un jeu subtil d'adaptations aux formes psychologiques, en suivant la mouvance des situations établies par l'écrivain. *« C'est une atmosphère musicale qui fait corps avec l'atmosphère morale ou physique »* (35). Il fallait solliciter ce qui est dissimulé pour arriver à la perception du mystérieux moment où matière et âme se confondent et ajouter la puissance suggestive de la musique à celle de la poésie. La réussite d'une telle osmose est proprement stupéfiante.

Soutenue par le génie debussyste, la pièce s'offre, marquée par le destin, claire pour qui s'abandonne à son angoisse et ne tombe pas dans les pièges d'un maniérisme auquel le raffinement des formes incite, tel un charme trompeur, comme pour mieux en préserver les secrets.

Au cours de l'ouvrage, les scènes se succèdent en alternant symbolisme et réalisme. Les menées psychologiques et inconscientes sont préparées par le jeu du langage symbolique puis, brutalement, des actions d'un naturalisme parfois insoutenable exposent au grand jour le drame des passions humaines, en les révélant.

Ainsi, les destinées s'enchaînent inexorables, les choix des Etres s'accomplissent et la **Mort** survient, ultime conclusion préparée avec une attention de clinicien.

Au terme du drame l'intuitive Mélisande parvient à la vérité, à la Lumière, transcendée et purifiée par la grâce de l'Amour. Celui-ci triomphe des passions humaines, cependant que la Sagesse stoïcienne d'Arkel reste au seuil de « la seconde enceinte » et que la désespérance de Golaud bute sur le refus d'accepter et de comprendre.

Par ses fins, « Pelléas et Mélisande » se trouve bien être, issu tout entier des interrogations de son époque, un ouvrage initiatique, dans le sens le plus élevé où l'on peut placer ce terme et si l'on admet qu'à la mesure de ses bornes, l'homme a créé la démarche hermétique dans l'espérance de la Révélation. Les symboles employés ne sont pas de simples images mais des facteurs de mouvements inconscients révélateurs d'actions visibles. Une telle construction méritait bien dix ans d'une vie. Debussy, en toute connaissance de cause a mis en musique le drame même de la destinée. Le fond de l'ouvrage, c'est-à-dire l'angoisse devant l'Invisible, l'opposition de l'idéal et de la matière, la révélation accordée à l'âme, l'ineffable approché, est perçu par le spectateur au niveau des sentiments quotidiens.

« Pelléas et Mélisande » demeure œuvre unique. On n'approche pas deux fois à ce point les limites de la vie. Les forces qui ont guidé Debussy pour l'amener à exprimer « l'inexprimable » viennent bien de ce mystère de l'essence créative qu'il voulait tant préserver. *« La musique doit conserver une part de mystère... au nom de tous les dieux, n'essayons pas plus de l'en débarrasser que de l'expliquer »* (36). Le Secret tant réclamé par le compositeur réside tout entier dans les prodigieuses structurations qui déterminent l'univers et dont l'analyse et la science reculent, à chacun de leurs faibles défrichements, toujours plus loin les voiles. La fascination qu'exerce « Pelléas et Mélisande » vient de son accord le plus intense avec les arcanes de la vie et de la mort. L'existence n'est-elle pas toute entière exposée par Mélisande ? Mélisande venue de l'ombre, illuminée, retournant à l'ombre et perpétuée par son enfant, sa fille, symbole de la pérennité de l'espèce... *« C'est au tour de la pauvre petite... »* Si toute création ne peut vraiment se comprendre que par l'approche de la face cachée de son auteur, elle échappe à son auteur même. Celui-ci, médium et révélateur, tient en son génie la synthèse de tous les impondérables qui l'ont fait naître, vivre et l'entourent. Juger « Pelléas et Mélisande » par la seule analyse musicale borne l'esprit aux formes et aux techniques. L'art de Claude Debussy s'apparente à l'histoire de la littérature comme à l'histoire de la musique et il joue également un rôle dans la pensée psychologique contemporaine... *« La notion de rêve préoccupa Debussy, comme elle préoccupa André Gide, Mallarmé et Freud dont « L'interprétation des rêves » parut exactement au temps de la composition de « Pelléas et Mélisande »* (37).

En 1913, cinq ans avant sa mort, Debussy écrivait à André Hellé qui s'occupait de l'édition de « La boîte à joujoux » : *« Je vous demande de mettre la rose sur la couverture de l'album. Cette rose a autant d'importance que n'importe lequel des personnages ».*

LA ROSE : Symbole de régénération
Référence à la beauté
Signe de perfection achevée
Identifiée à la résurrection comme à l'immortalité
Témoignage de renaissance mystique
Symbole de l'amour pur.

Evoquée par Mélisande au moment de la perception de son propre amour pour Pelléas... *« Je vois une rose dans les ténèbres... »*

LA ROSE – fleur privilégiée des Alchimistes...

L'ARCHITECTURE
AVERTISSEMENT

Cette étude a été établie à partir de la partition d'orchestre de poche et des partitions piano-chant dans leurs différentes éditions, puis vérifiée au moyen de la grande partition d'orchestre.

Pour le texte, en plus de celui des partitions éditées par Durand, j'ai consulté le livret publié par Fasquelle en 1972 ainsi que l'original de la pièce paru chez Lacomblez à Bruxelles en 1892 (38). (La partition d'orchestre de poche – édition 1971 – présente quelques omissions ou erreurs qui ont été rectifiées dans les deux éditions ultérieures).

Les références se rapportent toutes à la partition d'orchestre de poche, la partition piano-chant ne reflétant que très imparfaitement la construction musicale.

En conséquence : po 1 signifie Partition d'orchestre de poche (édition 1971) page 1.

Les cellules musicales dont la reproduction suit ont été numérotées en plus de leur appellation qui se retrouve dans l'analyse.

Ex : C 1 signifie cellule 1.

Leur disposition ne suit pas obligatoirement leur ordre d'apparition dans la partition mais se présente suivant certaines analogies d'idéation ou de composition. Toutefois, une liste annexe en donne l'ordre chronologique.

J'ai préféré appeler « cellule » ce que l'on nomme habituellement « structure » ou « thème » et « cellule-clef » ce que l'on appelle simplement « cellule », ceci afin de ne pas limiter l'idée de structure à une fonction thématique. En effet, les structures créées par Debussy se modifient sans cesse au point qu'il est parfois impossible de savoir où commence l'une et où finit l'autre ! C'est un jeu passionnant que d'en suivre la vie dans le cours de la partition.

Je me suis limité à indiquer les endroits où les cellules apparaissaient et ceux où leurs résurgences étaient les plus apparentes, mais cette simplification ne signifie pas que la musique n'est qu'un simple commentaire.

LA STRUCTURE MUSICALE

LES CELLULES

C 1. **L'ÉNIGME DU MONDE** (po 1)

L'élément fondamental des origines

La permanence de l'univers. Le silence du monde. La noblesse de l'aventure humaine. Les profondeurs de l'océan d'où tout surgit et commence. Le macrocosme.

N.B. : les 6 structures primordiales qui suivent : C 2, C 3, C 4, C 5, C 6, C 7 sont bâties à partir d'une même cellule-clef (C C) rythmique, présentée pure :

ou ornée de broderies :

et s'exprimant souvent seule.

C 2. L'ÉNIGME DE L'HOMME (po 1)
(attribuée à Golaud)

Le principe masculin tourné vers le matérialisme.

L'homme matière

Ses tentatives d'analyse par la seule raison. Ses interrogations. Son angoisse devant l'infini. L'incompréhension des apparences. Les passions non maîtrisées. Les possibilités d'anéantissement.

C 3. L'ÉNIGME DE L'ÂME (po 2)
(attribuée à Mélisande)

Le principe féminin guidé par l'intuition.

La femme esprit

L'abandon aux forces invisibles qui guident l'être. Le sens mystique. L'attrait des voies cachées. Les possibilités de rédemption. La tension vers la lumière et l'accomplissement. La notion d'âme entrevue.

N.B. : la broderie de la double croche supplémentaire, qui remplace le « point » de la cellule (CC) entraîne celle-ci, la brise en lui offrant un élan, tel un battement d'aile...

C 4. L'INCONSCIENT (po 130)
(attribuée à la grotte)

L'inexprimé. Les ténèbres mystérieuses de l'être. Les désirs inconnus. Les menaces non formulées.

C 5. **LE CONSCIENT** (po 144)

La clarté de l'esprit. L'illumination intérieure. La compréhension. La perception.

C 6. **L'IDENTIFICATION** (po 12)
(attribuée à la Couronne)

L'accomplissement. Le don préférentiel. La possibilité transcendantale. La consécration. L'illumination donnée et acceptée.

N.B. En cette structure aussi, la broderie triplée des doubles croches intervient pour briser le rythme initial et créer une impression d'angoisse et d'oppression. Il faut rapprocher cette cellule rythmique de la toute première phrase prononcée par Mélisande qui se présente ainsi :

Mélisande :

« Ne me touchez pas... »

Les deux écritures sont proches.

C 7. LE LIEN (po 84)
(attribuée à l'anneau)

L'union indissoluble qui relie l'être à son destin.
N.B. : la cellule C 2 est souvent investie et prolongée par la cellule C 7 qui, ainsi, apparaît bien avant son objet (po 20).

C 8. L'IDÉAL (po 40)
(attribuée à Pelléas)

Le principe masculin tendu vers la Sublimation.
L'Homme-Esprit

L'Esprit non encore révélé mais tendu vers la révélation. La notion d'âme entrevue. L'idéalisme. Les incertitudes devant les voies de l'accomplissement.

C 9. LA SAGESSE EXPÉRIMENTALE (po 29)
(attribuée à Arkel)

Le stoïcisme
L'expérience des destinées. La Sagesse raisonnée. Les jugements aveugles. Le droit à l'erreur. La Sérénité.

C 10. L'ACCEPTATION STOÏQUE (po 35)

L'abandon au destin. Le renoncement. Les regrets de l'incompréhension.

C 11. **L'INTUITION** (po 84)

La révélation inconsciente. L'abandon à la provocation du destin.

C 12. **L'INCERTITUDE** (po 30)

La suspension du temps et des décisions devant la marque du destin. Les interrogations incertaines.

C 13. **L'ANGOISSE** (po 122)

La peur de l'inconnu. Le recul devant l'incertitude.

C 14. **LA SOUFFRANCE** (po 236)
(attribuée à Golaud)

La douleur spirituelle des hommes égarés.

C 15. LA PRÉSENCE DU DESTIN (po 19)

La permanence, les avertissements, les appels et les signes du destin. La précipitation des événements.

N.B. : Il s'agit là de cellules qui parcourent toute la partition et interviennent, soit sous forme d'appogiatures, soit sous forme syncopée. Elles sont innombrables et caractéristiques. Elles inversent souvent la cellule C C :

C 16. L'ENGRENAGE DES FORCES (po 4)

L'ébranlement initial. Le mouvement. L'enchaînement des données. La marche en avant inéluctable.

C 17. L'IMPULSION (po 11)

Les élans de l'homme. Ses tentatives devant l'infini qui se dérobe. L'impossibilité de résister au mouvement.

C 18. L'ENCHAÎNEMENT DU DESTIN (po 24)

Le déroulement inexorable des faits. L'impossibilité d'échap - per aux circonstances.

N.B. : Cette structure martelée s'apparente à d'autres de même facture et très proches en leurs finalités (C 19 par exemple).

C 19. **LES MENÉES INCONSCIENTES** (po 187)
(attribuée aux souterrains)

Ce qui chemine longuement avant d'apparaître au grand jour, la crainte de la connaissance.

C 20. **LE MICROCOSME** (po 309)
(attribuée à la balle d'or)

L'infinitésimal. L'évocation d'un monde idéal. La fragilité de l'équilibre terrestre.

C 21. **LES AVERTIS DU DESTIN** (po 217)
(attribuée à Yniold)

Ceux qui reçoivent en privilège la faculté de percevoir les avertissements et les signes du destin. Les enfants qui peuvent encore témoigner de l'inconnu d'où ils viennent.

C 22. **L'INNOCENCE** (po 220)
(attribuée à Yniold)

La pureté de l'enfance. L'absence de menées calculatrices. La candeur de l'esprit qui permet seule de percevoir les avertissements du destin.

N.B. : La deuxième partie de la cellule est la C 15 attribuée à la présence du destin !

31

C 23. L'ENSEIGNEMENT (po 71)
(attribuée à la Fontaine des aveugles)

La Méditation. Le lieu de révélation où se déchiffre l'appel de l'âme. La régénération et la purification possibles. L'endroit où se rencontre l'eau, vie ou mort.

C 24. L'INCOMMUNICABILITÉ (po 102)

Les échanges – à la fois compréhension et incompréhension – communicabilité et incommunicabilité.

C 25. L'ÉMOI IRRÉPRESSIBLE (po 152)

L'élan des âmes tendues l'une vers l'autre.

C 26. L'ABANDON À L'ÉMOI (po 155)

L'acceptation par les âmes de l'élan qui les rapproche.

C 27. LA POSSESSION SPIRITUELLE (po 167)

La rencontre des âmes.

C 28. LE CHOIX (po 216)

L'hésitation avant la décision. L'interrogation ultime. La prise de conscience de l'esprit au moment capital. Le dernier arrêt avant l'acceptation de la voie choisie.

N.B. : cette structure est bâtie de façon extraordinaire. Les mêmes notes peu à peu ralenties marquent l'hésitation retenue avec une tristesse infinie, (son exposition se présente 7 mesures avant sa réalisation).

C 29. LA NOSTALGIE (po 272)

Le regret des choses passées – des moments perdus – des sentiments méconnus.

C 30. L'AVEU (po 330)

L'inconnu révélé. Le moment qui précède encore l'acceptation ou le rejet.

C 31. LA PLÉNITUDE SPIRITUELLE (po 333)

Le paroxysme de l'émoi devant l'acceptation. L'accomplissement de l'amour. La cîme des passions humaines partagées.

C 32. **L'ENGAGEMENT DÉFINITIF** (po 348)

Le point de non retour. Le seuil franchi. L'approche inévitable des événements décisifs.

C 33. **L'ÉBLOUISSEMENT DE LA RÉVÉLATION** (po 351)

Le moment recherché, attendu, arrivé, reçu, ineffable – l'inexprimable.

C 34. **LE RECUEILLEMENT** (po 365)

L'envol de l'âme. L'ultime méditation terrestre avant le passage vers l'au-delà.

C 35. **L'INITIATION** (po 371)

Le moment privilégié de la connaissance spirituelle totale à la fin du passage compris entre la vie et la mort. La régénération de l'âme. La notion de la continuité des existences tendues vers la connaissance.

C 36. **L'APAISEMENT** (po 375)

La volonté d'effacer les troubles humains. La fin des combats et des heurts.

LES CELLULES CLASSÉES
PAR ORDRE CHRONOLOGIQUE DE PARUTION

		Partition orchestre	piano chant
1. L'Enigme du monde	C 1	po 1	pc 1
2. L'Enigme de l'homme	C 2	po 1	pc 1
3. L'Enigme de l'âme	C 3	po 2	pc 1
4. L'Engrenage des forces	C 16	po 4	pc 002
5. L'Impulsion	C 17	po 11	pc 9
6. L'Identification	C 6	po 12	pc 11
7. La présence du destin	C 15	po 19	pc 16
8. L'enchaînement du destin	C 18	po 24	pc 22
9. La sagesse expérimentale	C 9	po 29	pc 25
10. L'incertitude	C 12	po 30	pc 25
11. L'acceptation stoïque	C 10	po 35	pc 30
12. L'Idéal	C 8	po 40	pc 33
13. L'enseignement	C 23	po 71	pc 56
14. L'Intuition	C 11	po 84	pc 65
15. Le lien	C 7	po 84	pc 76
16. L'incommunicabilité	C 24	po 102	pc 79
17. L'angoisse	C 13	po 122	pc 97
18. L'Inconscient	C 4	po 130	pc 104
19. Le conscient	C 5	po 144	pc 111
20. L'émoi irrépressible	C 25	po 152	pc 115
21. L'abandon à l'émoi	C 26	po 155	pc 118
22. La possession spirituelle	C 27	po 167	pc 128
23. Les menées inconscientes	C 19	po 187	pc 142
24. Le choix	C 28	po 216	pc 157
25. Les avertis du destin	C 21	po 217	pc 158
26. L'innocence de l'enfance	C 22	po 220	pc 160
27. La souffrance	C 14	po 236	pc 176
28. La nostalgie	C 29	po 272	pc 203
29. Le microcosme	C 20	po 309	pc 224
30. L'aveu	C 30	po 330	pc 242
31. La plénitude spirituelle	C 31	po 333	pc 245
32. L'engagement définitif	C 32	po 348	pc 256
33. L'éblouissement de la révélation	C 33	po 351	pc 258
34. Le recueillement	C 34	po 365	pc 268
35. L'initiation	C 35	po 371	pc 274
36. L'apaisement	C 36	po 375	pc 279

Rappelons qu'en aucun cas, il ne s'est agi pour Debussy d'établir un système de leitmotiv. Le compositeur s'est maintes fois expliqué à ce sujet. Les cellules sont attachées à des idées-symboles ou à des situations-symboles et sont autant d'éléments de pulsion, d'association ou d'évolution, jamais de référence thématique. Ces motifs ne sont donc pas des codes mais des facteurs suggestifs destinés à favoriser l'osmose du texte et de la musique. L'adaptation littéraire de Debussy, à quelques réserves près (nous le verrons) est un miracle de concision. Pour comprendre ce travail il faut le comparer avec l'original, ce que nous ferons après l'analyse.

LE DÉROULEMENT
DE L'ACTION

Constante :

Le langage symbolique qui expose les thèses et crée l'action.

Dominantes :

A = scène où le symbole révèle les menées inconscientes.
B = scène où l'action exprime les passions.
C = scène où le destin précipite les événements.

———

ACTE I

1re **scène** (A) : Une fontaine dans une forêt, loin d'Allemonde. Golaud, perdu, rencontre Mélisande perdue aussi.

2e **scène** (A-C) : Une salle dans le château d'Allemonde. Arkel accepte le mariage de Golaud avec Mélisande.

3e **scène** (A) : Les jardins du château. Pelléas et Mélisande sont attirés l'un vers l'autre.

———

ACTE II

1re **scène** (A-C) : la fontaine des aveugles dans le parc. Mélisande perd l'anneau de son mariage.

2e **scène** (B-C) : La chambre de Golaud au château. Golaud s'aperçoit de la perte de l'anneau. Il ordonne à Mélisande de le retrouver sur l'heure, avec Pelléas.

3e **scène** (A) : Une grotte près de la mer cernant le château. Pelléas et Mélisande ont le pressentiment d'un destin tragique.

ACTE III

1re scène (A-B-C) : Devant une tour du château. Pelléas et Mélisande voient leur amour grandir sans qu'ils se le disent. Golaud s'en rend compte.

2e scène (A-B) : Les souterrains du château. Golaud prévient Pelléas d'avoir à se défier des sentiments dangereux que l'amour coupable peut créer.

3e scène (B) : Une terrasse au sortir des souterrains. Golaud ordonne à Pelléas d'éviter Mélisande.

4e scène (B) : Devant une tour du château. Golaud, jaloux, tente d'obtenir d'Yniold les preuves de son infortune.

———

ACTE IV

1re scène (B) : Un appartement dans le château. Pelléas annonce à Mélisande qu'il doit partir et lui donne rendez-vous près de la fontaine des aveugles.

2e scène(B) : Golaud survient et, torturé par la jalousie, brutalise Mélisande.

3e scène (A-C) : La fontaine des aveugles dans le parc.
a) Yniold s'étonne de voir les hommes se laisser conduire sans volonté, tels des moutons.
b) Pelléas retrouve Mélisande. Ils s'avouent leur amour réciproque. Golaud les surprend. Il tue Pelléas et blesse mortellement Mélisande.

———

ACTE V

(A) : La chambre de Mélisande. Mélisande agonise après avoir donné le jour à une fille. Avant de mourir elle pardonne à Golaud.

LES SYMBOLES MAJEURS

ALLEMONDE : Le tragique quotidien. Tout au long de l'action, le royaume d'Allemonde enferme dans son univers une société contemplatrice d'elle-même. Dans ce château s'est échafaudée une philosophie de droit et de principe masculins fondée sur la sagesse et l'expérience. Bâtie sur trois niveaux cosmogoniques, l'en-bas, l'intermédiaire, l'en-haut, cette philosophie, par sa méconnaissance de l'en-haut et malgré les recherches apeurées des sages, offre l'image du néant où conduisent les spéculations de la pensée matérialiste.

Les **souterrains** qui existent sous le château sont l'en-bas qui mine Allemonde et dont la société des Sages craint l'exploration.

Les personnages

Dans l'ouvrage, ils se définissent en tant qu'individualités mais, reposant eux-même sur des pulsions inconscientes élaborées par le jeu des symboles, ils deviennent symboles à leur tour et archétypes de ce qu'ils représentent.

PELLÉAS : L'esprit, tendu vers la notion d'âme entrevue, il représente le principe masculin tourné vers l'idéal. Au seuil de la révélation, mais n'y accédant pas, il sera initié par la présence de Mélisande agissant en catalyse de lui-même. Il passera d'un premier stade d'interrogations solitaires à la dépendance de Mélisande pour trouver l'illumination intérieure dans la libre acceptation d'un amour partagé.

MÉLISANDE : L'âme.
Abandonnée aux forces invisibles, elle s'identifie aux aspirations de l'être orienté vers son accomplissement. Ses actes sont les résultats de pulsions inconscientes et non raisonnées. Elle vit sous l'influence de ses **intuitions** en essayant de parvenir à un idéal pressenti confusément. Elle n'agit pas avec préméditation malgré certaines apparences. Attentive aux signes que le destin lui donne, elle s'interroge devant les avertissements de celui-ci et procède alors avec une détermination et une subtilité pouvant passer pour du calcul. (40)

GOLAUD : La matière.

Dominé par les apparences de la vie concrète, pensée matérialiste, il est incompréhensif de l'invisible qui ne peut s'approcher par le rationnalisme. Trouvant au contact de l'âme (Mélisande) la clef des « trésors de la seconde enceinte » (41) mais ne sachant à aucun moment franchir le seuil de la connaissance intuitive, il ne recevra, en réponse à ses questions, que des réactions apparentes masquant la vérité. Prisonnier des passions humaines, il est aveugle devant les signes du destin. Sa bonté n'est pas feinte mais la noblesse de ses sentiments cède devant ses emportements.

YNIOLD : L'innocence.

Yniold est avec Mélisande le plus intense symbole de l'œuvre, car ils témoignent tous deux des parts fondamentales de la philosophie de Maeterlinck. Il est « l'averti du destin » encore doué du sens divinatoire de l'enfance, son regard est tourné à la fois vers le visible et l'invisible. Il pressent les événements, les reçoit instinctivement et les subit sans les comprendre. Il deviendra Pelléas ou Golaud suivant l'infléchissement de sa destinée et perdra alors la sagesse innée de l'innocence.

ARKEL : La raison.

Au seuil de la connaissance sans être parvenu à la révélation, sa philosophie basée sur l'expérience et la logique, ne peut remplacer l'intuition et l'amène à l'erreur. Il accepte les voies du destin mais ne ressent pas les moments où celui-ci s'accomplit. Son aveuglement rejoint celui du médecin, du père et de Golaud. Il témoigne de la dérision de la sagesse qui se trompe en voulant établir ses critères de comparaison sur des états justes et parfaits. Son stoïcisme le conduit au renoncement par conscience de ses limites humaines.

Selon l'enseignement ésotérique :

« *Si tu veux sonder les profondeurs du monde c'est en toi seulement que tu pourras le faire mais pour voir, il faut devenir aveugle* ». Aveugle, c'est-à-dire, fermé au monde visible et tourné vers le regard intérieur ; mais le symbolisme des « Aveugles » est double, il s'applique également à la cécité de ceux dont l'esprit se borne à percevoir les apparences. Arkel n'est pas totalement aveugle, il n'a donc pas trouvé la connaissance. Il a même renoncé à rechercher celle-ci auprès de la Fontaine « *qui ouvre les yeux des aveugles* ». (po 74).

LE MÉDECIN : L'esprit-guide.

Il oriente et dirige Allemonde à partir de la connaissance des sciences humaines. En permettant ainsi la croissance d'une philosophie établie à partir du raisonnement déductif il étouffe les aspirations idéalistes et divise la société d'Allemonde en deux voies. L'une visible, l'autre souterraine. Il agit en protecteur et en berger du « troupeau » le ramenant dans le chemin déterminé avec Arkel et le père, fût-ce au prix de l'erreur constatée et acceptée.

LE PÈRE : La domination.

Personnage invisible mais omniprésent, intégré à la société d'Allemonde mais venant d'ailleurs. Son absence physique dans le drame en renforce le symbolisme. Il représente l'autorité et la possession. Il décourage les efforts d'émancipation et exerce une influence restrictive. Il est la conscience en face de l'inconscience des instincts et des élans spontanés. Son autorité traditionnelle se dresse en face des désirs de changement. Ici, le père « malade » devient dérision de la puissance et dépositaire propitiatoire des troubles qui ruinent Allemonde.
Sa prééminence s'exerce aveuglément du fond d'une chambre, lieu fermé aux événements extérieurs.

GENEVIÈVE : La médiation.

Sous l'influence d'Allemonde, elle est devenue sagesse expérimentale en étouffant en elle l'intuition. L'évolution de sa vie propre l'a amenée à l'abandon de ses fonctions de perpétuatrice de la vie qui se sont mutées en résignation. Elle se trouve androgyne mentale par l'adoption d'une philosophie issue du principe masculin refoulant le principe féminin. Devenue dès lors secours des afflictions elle perçoit les signes du destin et n'ose les interpréter, car elle hésite entre l'enseignement de la raison et l'entraînement de l'intuition.

N.B. : Geneviève est sans conteste la fille d'Arkel. En effet, on sait que Pelléas et Golaud sont les petits-fils d'Arkel, ils ont donc un lien consanguin avec celui-ci. Or Golaud n'est pas né du même père que Pelléas. Si Geneviève était étrangère et que son premier mari ait été fils d'Arkel, son deuxième mari étant étranger aussi, Pelléas n'aurait alors aucun lieu de parenté avec Arkel.

LES SERVANTES : La société.

Elles sont le reflet dépersonnalisé des êtres grégairement unis. Elle représentent l'instinct collectif de la vie, la prescience de la mort. Mues par de mystérieuses forces, elles agissent sous la loi de la fatalité, aveuglément.

DYNASTIE D'ALLEMONDE

L'AILLEURS

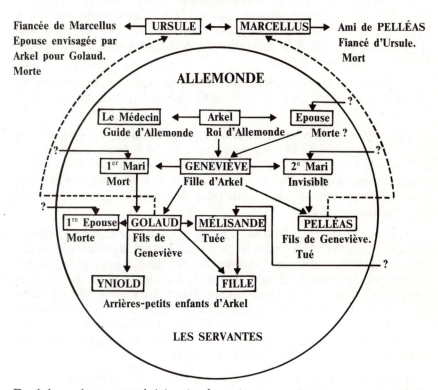

Fiancée de Marcellus
Epouse envisagée par
Arkel pour Golaud.
Morte

Ami de PELLÉAS
Fiancé d'Ursule.
Mort

En dehors de toute précision les âges des personnages ne peuvent être estimés que symboliquement, par rapport aux âges planétaires :

Yniold : 7/10 ans, sous l'influence de la Lune qui éclaire la nuit.

Mélisande/Pelléas : 15/20 ans, sous l'influence de Vénus qui dispense l'amour.

Golaud : 30/40 ans, sous l'influence de Mars qui crée les états tensionnels.

Geneviève : 55/65 ans, sous l'influence de Jupiter qui réalise l'ordre.

Arkel/Le Médecin : 90/100 ans, sous l'influence de Saturne qui enseigne et renonce.

Avant de commencer l'analyse il faut approfondir certains symboles déterminants sur lesquels nous reviendrons suivant le déroulement de l'action. Les autres symboles (42) seront étudiés au fur et à mesure de leur rencontre dans la partition.

Le **Cercle** se présente sous différents aspects (anneau, couronne, bracelet, collier, etc...) mais il est toujours symbole de ce qui appartient à la perfection originelle qui n'a ni commencement ni fin. Il est donc symbole du monde spirituel et du temps. Symbole d'éternité.

En son centre est l'unité absolue, l'origine de tout rayonnement. Le Cercle est symbole de protection envers ce qu'il enserre en ses limites. Il stabilise et maintient la cohésion entre l'âme et le corps. Il est symbole à la fois magique et céleste. Trois cercles concentriques évoquent les diverses significations de la parole. Le premier symbolise le sens littéral. Le second symbolise le sens allégorique. Le troisième symbolise le sens mystique.

Le cercle est aussi « *l'image archétypée de la psyché. Le symbole du Soi alors que le carré est le symbole de la matière terrestre, du corps et de la réalité* » (43).

Le cercle peut devenir **Couronne.** Il s'impose alors en symbole du degré le plus élevé de l'évolution spirituelle car la forme circulaire de la Couronne indique la perfection. Elle lie l'humain et le divin par sa place au-dessus du corps, entre terre et ciel. Donnée, elle est marque de consécration mais profanée elle rend impur qui la porte et doit alors être purifiée et rejetée.

Si le cercle devient **Anneau,** il est le symbole du lien indissoluble qui unit l'homme à son destin. Il est l'attachement et le don volontaire irrévocable, l'enchaînement réciproque. Si l'anneau est une bague, un charme joue lorsque le chaton est tourné au dedans de la main car les véritables puissances sont en nous-mêmes. Le pouvoir de l'anneau peut conduire aux conquêtes mystiques comme à la domination d'autrui. Il devient alors perversion (44). La partie centrale de l'anneau étant l'essence unique, à l'image du cercle, elle symbolise le centre de l'être où doit descendre l'influx cosmique.

L'**Eau** est le symbole des sources de la vie. Elle est régénération et purification lorsqu'elle est limpide mais devient un symbole menaçant dès qu'elle est stagnante, trouble ou nauséabonde. L'eau contient tout le virtuel et l'informel. Toutes les promesses d'évolution mais aussi toutes les possibilités de destruction. L'eau agitée est symbole de désordre et de mal. Lorsqu'elle arrive à la boue, la mort est proche. L'eau bénite perd tout sens maléfique et transmet l'influx céleste. L'eau descendante (la pluie tombée du ciel) est symbole de fécondation. Elle anime l'eau naissante (issue des profondeurs) qui permet la vie de la terre. Il faut distinguer la surface et la profondeur de l'eau car celle-ci est « le symbole des énergies inconscientes, des motivations secrètes et inconnues qu'il faut s'efforcer de ramener au jour » (45).

La **Mer et l'Océan** sont le symbole de la dynamique de la vie. Ils sont l'origine absolue. Tout vient d'eux et y retourne. L'eau en sort et se purifie dans le ciel avant de féconder la terre et de la purifier à son tour. L'eau terrestre y retourne inéluctablement. La mer agitée est symbole des passions humaines dont la traversée est périlleuse.

Le **Feu** symbolise la connaissance intuitive mais aussi les passions humaines. Lorsqu'il est la foudre jaillissant du ciel il illumine la terre-matière et symbolise la prise de conscience humaine. Il devient symbole de la connaissance recherchée lorsque ses flammes montent vers le ciel. Il peut être le symbole des tourments sans fin lorsqu'il brûle sans consumer. Il s'associe à son antagoniste l'Eau pour les rites initiatiques de mort et de renaissance. Il demeure l'élément des alchimistes par qui la transmutation peut s'accomplir. Parce qu'il est sans cesse recréé en lui-même, il est le plus important symbole de la divinité, il est alors le feu du ciel. Il est sexe masculin de par ses origines (46). Sa fumée peut étouffer et sa flamme détruire, il devient alors symbole négatif et de châtiment.

L'**Air** est le symbole de l'esprit. Il représente un monde d'expansion où peuvent s'exprimer la lumière, le feu et l'eau. Il est le symbole de la vie invisible. Il est symbole de liberté parce qu'il peut occuper tous les endroits du cosmos sans qu'on puisse l'en empêcher.

Le **Ciel** est le symbole où se manifeste la plus haute idée de la transcendance. Le Ciel est l'en-haut cosmogonique alors que l'Air en est l'intermédiaire partagé avec la surface de la terre. Le Ciel est aussi le symbole de l'ordre sacré de l'univers et des puissances mystérieuses qui veillent à son respect par le monde terrestre. Le Ciel est symbole de la conscience et évoque l'absolu des aspirations de l'homme. Le Ciel est placé aux confins de l'Ether, lui-même issu et prolongement de l'Air.

La **Terre** est le symbole passif qui s'oppose à l'air symbole actif. Elle est le chaos issu des mers et ramené à leur surface. Elle est la fonction maternelle et nourricière, la fécondité et la perpétuation. Si l'eau est le symbole des origines de la vie, la terre est le symbole des formes vivantes. Elle place la densité en face de la volatilité. Elle est la Matière. Par sa surface et avec l'air, elle participe de l'intermédiaire. Elle détient l'en-bas dans son monde souterrain, alors, elle est le symbole des conflits de la conscience humaine.

Il faut souligner ici deux caractéristiques du texte de Maeterlinck, l'une fort connue mais toujours mal interprétée, l'autre qui n'a jamais attiré l'attention. La première est la surabondance du qualificatif **petit** qui se présente pour la première fois po 8 *« une* **petite** *fille qui pleure au bord de l'eau »*, pour la dernière fois po 408 *« C'est au tour de la pauvre* **petite** *»*. Dans le courant de la partition les *« petit père »* - *« petite mère »* – *« petite main »* - *« petits bras »*, etc., s'accumulent. Ceci parce que le symbolisme de *« petit »* est très ambigu. *« Petit »* est tantôt symbole du paternalisme, tantôt significatif de la protection. Mais il s'attache aussi à la faiblesse et à l'impuissance d'action. Il peut également être pris dans un sens de familiarité. Il ramène l'interpelé à l'âge de l'interpellateur si celui-ci est plus jeune. Ce qui est important dans ce symbole c'est qu'une constante d'amoindrissement s'y rattache.

La seconde des caractéristiques est l'alternance du **tutoiement** et du **vouvoiement** entre les personnages selon l'évolution des situations.

Dans ce cas, le symbolisme recherché est toujours celui de traduire la modification des distances psychologiques qui existent entre les personnages ainsi que leur rapports. Ce ne sont donc pas des sentiments qui sont exprimés, même si finalement les passions sont ainsi manifestées.

L'ŒUVRE

ACTE I

SCÈNE 1 – Une forêt (po 1)

Au seuil de la partition (po 1) murmurée par l'orchestre, majestueuse et grave, semblant issue des profondeurs de l'univers, la cellule qui caractérise l'**Enigme du Monde** (C 1) prélude à l'ouvrage. La cellule attachée à l'**Enigme de l'Homme** (C 2) la suit aussitôt s'enchaînant elle-même avec la cellule exprimant l'**Enigme de l'Ame.** (C 3 – po 2).

Ainsi, en quelques mesures, les plus secrètes données de l'œuvre sont exposées. Les rouages sont en attente. Les cellules de l'homme et de l'âme se superposent. L'esprit plane au-dessus de la matière et le mécanisme s'enclenche où s'établissent les menées de l'âme en quête de son accomplissement. La cellule de l'**Engrenage des Forces** se forme (C 16 – po 4).

Dans la forêt Golaud chemine, perdu dans ses interrogations. L'observation raisonnée de ses angoisses détermine en lui des pressentiments à la signification insaisissable. Il cherche sa voie à travers l'enchevêtrement de ses instincts. Encerclé, aucun symbole ne l'appuie ni ne le réconforte. Lorsqu'il rencontrera Mélisande, il confondra recherche du bonheur et espérance du savoir, ne devinant pas que patience et intuition l'amèneraient à la connaissance. Il se méprendra sur les actes de Mélisande, marchera en parallèle d'elle et arrivera au malentendu, impasse à ses questions. Il s'impose en **symbole de la recherche matérialiste.**

Mélisande, entourée de symboles, aidée et déterminée par eux, gît prostrée auprès d'une fontaine où brille une couronne rejetée par elle.

La **fontaine** est symbole de vie, d'immortalité et d'enseignement. Elle est liée à l'**eau** qui est régénération et purification (voir supra). L'eau et la fontaine réunies sont donc sources de la connaissance première, essence de l'être et symbole du cycle indéfini de la vie.

Mélisande, venue par intuition en cet endroit chercher la purification, s'abandonne à l'enseignement.

En ce lieu lourd de signification elle interroge son âme et devient **symbole de la recherche mystique.** Pour justifier la démarche de Mélisande il faut établir le symbolisme de ses origines. Le mystère qui existe à ce propos pourrait être considéré comme **symbole de l'inconnu des origines humaines** (47) mais il est capital de savoir **pourquoi** Mélisande veut être purifiée et quelle force irrésistible la pousse. Il faut imaginer un support matériel à la transposition symbolique afin que l'impulsion détermine la finalité de l'œuvre entière.

Pour présenter une telle épouvante, Mélisande n'a pu qu'être atteinte violemment dans son corps et dans son esprit (voir note 61). On peut supposer qu'elle a d'abord été choisie par un homme qu'elle croyait guide et initiateur. Elle a été consacrée, couronnée puis, le jour de ses noces, elle a dû recevoir brutalement et collectivement (Mélisande dira : TOUS) la révélation de l'orgueil et de la bestialité. Il est inutile de concevoir une anecdote croustillante à ce propos, seul le symbolisme des motivations est important. Mélisande désespérée a eu la révélation de ce que pouvait être la domination matérialiste sur les espérances de l'esprit. Elle a donc fui son anéantissement. Elle a rejeté la couronne profanée en refusant cette forme de connaissance. Née au monde, elle va s'en préserver jusqu'au moment où elle rencontrera une pureté égale à la sienne, alors elle sera purifiée par la grâce de l'amour.

Elle suivra un temps Golaud parce qu'il accepte les limites qu'elle lui impose *« Ne me touchez pas »*. Elle se donnera à lui, une fois, sur le navire, près de l'eau, pour répondre à l'interrogation de son propre corps, perpétuation de la vie, puis se refusera. Avec Pelléas, elle vivra, en s'abandonnant à l'amour libérateur, stimulation de l'âme, l'épreuve qui oblige à l'absolue révélation.

Golaud soliloque et constate :

« Je ne pourrai plus sortir de cette forêt ! »

Prisonnier des passions, Golaud s'en égaré dans le dédale des mouvements de l'âme. **La forêt** offre des risques redoutables à qui s'y aventure. Chevelure du monde, elle s'assimile aux **cheveux** symbole des forces inconscientes qui attachent et gouvernent l'être.

A l'orchestre la **cellule-clef** et la cellule de l'**engrenage des forces** (po 6) martèlent les réflexions de Golaud. Celui-ci s'interroge :

« Dieu sait jusqu'où cette bête m'a mené ».

Les bêtes sont symbole des désirs incontrôlés, il s'agit de plus, ici, du **sanglier** animal démoniaque par excellence dont le symbole s'oppose à **Dieu,** guide suprême. Golaud reconnaît l'échec de ses tentatives :

« Je croyais cependant l'avoir blessé à mort ;
et voici des traces de sang ».

Le sang qui demeure représente la passion. Elément vital et corporel il se dresse en masque devant l'esprit :

« Mais maintenant je l'ai perdue de vue, »

L'expérience d'Allemonde n'a rien apporté à Golaud :

*« Je crois que je me suis perdu moi-même, et mes
chiens ne me retrouvent plus. »*

Les chiens sont symbole de puissance impure comme de jalousie. Les désirs mêmes ont disparu. L'interrogation vaine a conduit jusqu'à l'impuissance. L'homme désorienté s'est perdu. Il lui faut repartir à zéro, refaire le chemin à la rencontre de sa conscience. La voie présente est négative. C'est ce que manifeste Golaud :

« Je vais revenir sur mes pas. »

Golaud est pourtant tout proche de la **fontaine** de la connaissance et le destin va l'aider. La **lumière** lui sera proposée mais Golaud ne saura pas comprendre les avertissements donnés et n'arrivera pas à dépouiller le raisonnement matérialiste pour accéder à la connaissance intuitive.

A la suite de la cellule de l'homme, la cellule de l'âme (po 7) crée une rupture dans le cours des pensées de Golaud. Il va passer d'une recherche subjective à une recherche objective. N'ayant rien obtenu, de ses propres interrogations il s'oriente vers le seuil de l'âme mais les limites de sa démarche le retiennent. Il se retourne vers la **fontaine** sans ressentir l'**eau**, source de la révélation. Il rencontre alors la **Femme,** promesse d'une nouvelle voie, élément essentiel dont il ne saura pas deviner la présence catalysatrice :

*« J'entends pleurer... oh ! oh ! qu'y a-t-il là au bord de l'eau ?
Une petite fille qui pleure au bord de l'eau ? »*

La petite fille, femme confondue avec l'enfant de par la méprise de l'homme dominateur, est symbole d'innocence et de spontanéité.

Les larmes sont symbole des fautes regrettées.

L'eau est, nous l'avons vu, symbole de purification.

Golaud tente d'attirer l'attention de la **Femme** en toussant, et bute contre l'incommunication :

« Elle ne m'entend pas, je ne vois pas son visage ».

Le visage est porte de l'invisible, « Moi » le plus intime partiellement révélé, quintessence de l'être, résumé de la nudité. Cette connaissance immédiate est, dès l'abord, refusée à Golaud puisque Mélisande cache son visage.

La cellule de l'énigme du monde se rappelle (po 8) et l'homme s'inquiète de l'émotion qu'il découvre chez un autre être.

« Pourquoi pleures-tu ? »

C'est un désir de confrontation plutôt qu'un mouvement de sollicitude et cette phrase voit s'opposer à elle le refus de l'intrusion, par un mouvement apeuré de la Femme.

Golaud exprime son appui, sa force calme et rassurante, la sûreté de la matière. Colosse aux pieds d'argile, il croit abuser l'âme découverte en s'abusant sur son propre compte. Mais il prend une distance inconsciente en passant du « Tu » symbole protecteur au « Vous » symbole de respect :

« N'ayez pas peur vous n'avez rien à craindre. »

Il réitère son appel :

« Pourquoi pleurez-vous, ici, toute seule ? »

La Femme, poussée par l'intuition, refuse la possibilité d'aliénation qu'elle pressent :

« Ne me touchez pas ! ne me touchez pas ! »

Puis se retourne brusquement face à l'inconnu, scrutant l'Homme dans un affrontement silencieux, lui offrant son **regard** sans qu'il puisse dépasser le seuil de ce symbole de la porte de l'âme, instrument de la révélation entre le regardant et le regardé. Golaud s'arrête à la **beauté,** symbole des apparences et masque illusoire posés sur les trésors cachés véritables :

« N'ayez pas peur... je ne vous ferai pas...
Oh ! vous êtes belle. »

La Femme affirme son refus :

« Ne me touchez pas ! ne me touchez pas »

et exprime sa volonté de mourir plutôt que de retrouver l'anéantissement de son esprit :

« ou je me jette à l'eau ! »

L'**eau** étant source de mort comme de vie.

Golaud, à la frange de l'énigme du monde évoquée par le rappel de la cellule initiale (po 9) s'appuie à l'arbre pour attester de ses intentions sincères.

« Je ne vous touche pas... voyez, je resterai ici,
contre l'arbre. N'ayez pas peur. »

L'**arbre** élément vertical est le symbole dévoilant les rapports entre le ciel et la terre. Il est mort et régénération de par le caractère cyclique de son évolution. Il met en communication les trois niveaux du cosmos : l'en-bas, l'intermédiaire, l'en-haut. Il réunit ou provoque en lui les quatre éléments alchimiques : l'**eau**, la **terre**, l'**air** et le **feu.** Il est sagesse, croissance et protection. Il est à la fois arbre de la connaissance du bien et du mal et, de ce fait, universalité du savoir. Il est symbole du passage de la matière à l'esprit, de la raison à l'âme. Il est principe masculin de par sa puissance lorsqu'il est dressé. Golaud s'appuie à lui par soumission aux désirs de l'âme et non par connaissance des forces profondes de l'arbre. Il s'arrête toujours aux apparences de la force majestueuse. Golaud s'interroge sur l'énigme de l'inconnue et sur le trouble qu'il constate en elle :

« *Quelqu'un vous a-t-il fait du mal ? »*

La Femme répond en conséquence de ce qui l'a amenée en ce lieu de purification :

« *Oh ! oui ! oui ! oui ! »*

Golaud insiste :

« *Qui est-ce qui vous a fait du mal ? »*

La Femme fuit une réponse précise :

« *Tous ! tous ! »*

La cellule de l'**âme** se déforme (po 10) témoigne des tensions intérieures de la Femme, exprime la souffrance dont elle n'avouera jamais les origines (voir supra). Golaud voudrait connaître les raisons de cette terreur :

« *Quel mal vous a-t-on fait ? »*

Et la Femme s'épouvante :

« *Je ne veux pas le dire ! Je ne peux pas le dire !... »*

Gardant le secret de sa présence comme de ses pensées.

A l'orchestre, une cellule nouvelle apparaît, l'**Impulsion** (c 17 – po 11).

Golaud voudrait savoir :

« *Voyons, ne pleurez pas ainsi. D'où venez-vous ? »*

La Femme, dans un trouble extrême, ne sait que balbutier :

« *Je me suis enfuie !... enfuie !... enfuie !... »*

Golaud réitère :

« *Oui, mais d'où vous êtes-vous enfuie ? »*

La cellule de l'impulsion l'aide en sa demande. La Femme élude :

« *Je suis perdue !... perdue ! Oh ! oh ! perdue ici...*
Je ne suis pas d'ici... je ne suis pas née là... »

Golaud inlassable, questionne l'inconnue, tente de cerner ces événements étranges :

« *D'où êtes-vous ? Où êtes-vous née ? »*

La Femme refuse toujours d'emprunter les voies du raisonnement. Forte « d'une lampe que l'homme a perdue » elle conserve le sens d'un état spirituel où la recherche est surtout émotive.

Devant cette obstination, Golaud renonce et se détournant de l'inaccessible, découvre un autre signe du destin :

« Qu'est-ce qui brille ainsi au fond de l'eau ?...
Où donc ? Ah ! c'est la couronne qu'il m'a donnée. »

révèle la Femme dévoilant quelque peu d'elle-même. Cette couronne profanée et rejetée est appuyée par une cellule nouvelle – l'**Identification** (c 6 – po 12) – qui s'attache, un temps, à la magie du cercle.

La Femme dit son refus, accompli dans la douleur, de conserver le symbole de la profanation de son âme :

« Elle est tombée en pleurant. »

La cellule de l'**âme** (po 13) accompagne ces paroles.

Golaud demeure étranger à ce que représente la couronne. Prisonnier des formes il tente de s'approprier l'insolite, espérant en tirer un enseignement :

« Une couronne ? qui est-ce qui vous a donné une
couronne ? Je vais essayer de la prendre... »

La Femme s'oppose avec véhémence, de toute son énergie, à voir surgir au jour le symbole de ses épreuves passées. Une fois de plus elle affirme préférer la mort. Elle veut enfouir au plus profond de son inconscient les atteintes subies :

« Non, non, je n'en veux plus... je n'en veux plus... Je préfère
mourir... mourir tout de suite ! »

Golaud suppute ses chances de conquête, se fortifie de ses possibilités :

« Je pourrais la retirer facilement ;
l'eau n'est pas très profonde. »

Cette eau, en apparence si mince, témoigne de la méconnaissance présentée par Golaud devant la profondeur réelle de l'infini.

La Femme refuse de laisser Golaud poursuivre sa démarche :

« Je n'en veux plus ! Si vous la retirez,
je me jette à sa place !... »

Golaud plie devant la volonté de la Femme. L'esprit-matière accepte la voie imposée par l'âme. La Femme qu'il comparait à une enfant, la « petite fille » tient désormais la destinée de l'Homme entre ses mains.

Golaud retourne alors aux apparences et abandonne la voie tentante qu'il désirait emprunter :

« Non, non ; je la laisserai là... On pourrait la
prendre sans peine cependant... elle semble très belle... »

Comme indifférente, la Femme s'éloigne de lui, le laissant aux regrets de ce qu'il n'a pu découvrir.

Une dernière fois la cellule de l'**identification** s'exhale, venant des cors (po 12) et, passant aux flûtes et aux clarinettes (po 16), emporte avec elle le secret de la Femme.

Golaud, toujours inquiet d'un mystère qu'il voudrait comprendre, s'en revient à la Femme :

« Y a-t-il longtemps que vous avez fui ? »

Et celle-ci répond avec une sorte de soulagement :

« Oui, oui... »

Elle devine que l'Homme ne cherchera plus jamais à savoir. Elle implicite avoir fui dès l'atroce révélation qui lui fut imposée. Pour la première fois, forte de n'avoir rien abandonné d'elle-même, elle interroge et s'enquiert de l'entité qui se dresse en face d'elle :

« Qui êtes-vous ? »

Golaud répond en soulignant ce qui illusionne :

« Je suis le prince Golaud, le petit-fils d'Arkel,
le vieux roi d'Allemonde... »

Il se déclare **prince,** donc symbole de la promesse du pouvoir suprême et des vertus non encore maîtrisées ni exercées qui peuvent se tourner vers les ténèbres comme vers la lumière.

Il révèle sa soumission au **guide** qui, fort de la sagesse et de l'expérience, détermine la société de son royaume, le **royaume** étant symbole de la réunion des joies, des peines et des inquiétudes.

La cellule de l'**âme** (po 17) marque un changement dans l'attitude de la **Femme.** Elle découvre l'**Homme** avec gravité. Attentive, elle observe et interroge les signes qu'il présente comme autant d'enseignements du destin. Le malentendu tragique d'un dialogue ou l'Homme ne percevra jamais l'appel des questions de la Femme, commence :

« Oh ! vous avez déjà les cheveux gris ! »
« Oui ; quelques-uns, ici, près des tempes... »
« Et la barbe aussi... »

Les cellules de l'**âme** et de la **matière** en superposition (po 18) révèlent l'incompréhension des moments.

La Femme veut connaître le sens du regard de Golaud :

« Pourquoi me regardez-vous ainsi ? »

Le symbolisme du regard retrouve ici toute son importance. L'Homme et la Femme sont tendus l'un vers l'autre, se regardant, s'interrogeant. La Femme ouverte à sa propre interrogation envers les autres mais fermée à l'interrogation d'elle-même par autrui. Golaud cherchant à comprendre par le raisonnement :

*« Je regarde vos yeux. Vous ne fermez jamais
les yeux ? »*

Devant le regard de la Femme, l'Homme se demande si cette porte ouverte se referme parfois devant l'intimité de l'âme. La Femme répond qu'elle revient souvent à l'indéterminé :

« Si, si, je les ferme la nuit... »

C'est-à-dire au moment où l'inconscient se libère, où les yeux du jugement ne voient plus. La **Nuit** est le symbole de toutes les virtualités de l'existence. Image de l'inconscient elle présente le double aspect des ténèbres où fermente le devenir, et de la préparation du jour où jaillira la lumière de la vie.

Golaud se méprend sur le sens de l'expression de la Femme et questionne :

« Pourquoi avez-vous l'air si étonnée ? »

Une cellule très importante se crée qui se retrouvera dans tout l'ouvrage et accompagnera les moments émotionnels nés de la **Présence du Destin** (c 15 – po 19).

La Femme révèle ce qu'elle pressent de la personnalité de l'Homme :

« Vous êtes un géant ! »

Comparant Golaud à un être d'une dimension exceptionnelle, elle n'exprime ni admiration, ni crainte. Le **géant** est symbole de la prédominance des forces matérielles lorsque l'indigence des forces spirituelles existe. Les géants ne peuvent être vaincus que par la coalition d'un Dieu et d'un homme. Ils représentent tout ce que l'homme doit combattre de matérialité pour libérer son esprit. Golaud cache sa faiblesse avec orgueil :

« Je suis un homme comme les autres... »

La Femme presse l'Homme, veut savoir le pourquoi de sa présence en ce lieu, non loin de la fontaine de la connaissance :

« Pourquoi êtes-vous venu ici ? »

La cellule de l'**homme** revient, insistante (po 20), se boursoufle de la **cellule-clef**. Les symboles se réaffirment et affluent, angoissés, dits par Golaud :

*« Je n'en sais rien moi-même. Je chassais dans la forêt.
Je poursuivais un sanglier. Je me suis trompé de chemin. »*

Aveu de l'ignorance par l'erreur.

Golaud interroge à son tour la Femme en lui posant une véritable question rituelle :

« Vous avez l'air très jeune. Quel âge avez-vous ? »

Ce qui permet de penser qu'en Allemonde les Sages ont entr'ouvert à Golaud les portes des connaissances cachées. En effet, dans toutes les doctrines initiatiques, l'**âge** est le symbole de la place où se situe l'être dans le cours de son évolution.

Sans esquiver la réponse, la Femme, regardant Golaud en face, avoue son désarroi :

« Je commence à avoir froid... »

Elle dit son abandon des forces créatrices par la perte de la **chaleur,** symbole de vie. Elle révèle le tréfonds de son être et réclame aide et assistance. Golaud devine le sens de cet appel ; soumis à ne pas comprendre la femme il s'offre à lui servir de soutien s'il ne peut lui servir de guide :

« Voulez-vous venir avec moi ? »

La Femme se détourne comme avec un écho des terreurs passées. (po 21 – Cellule déformée de l'**Identification** C 6) :

« Non, non ; je reste ici. »

et s'attache à ce lieu de purification.

Golaud, fort de la demande de la Femme, domine ses propres angoisses (cellule de l'**homme** rappelée – po 21) et trouve une conviction qu'il veut persuasive pour forcer la Femme à le suivre :

« Vous ne pouvez pas rester ici toute seule.
Vous ne pouvez pas rester ici toute la nuit... »

Golaud pose à la Femme une deuxième question rituelle en réclamant la révélation de la clef de sa personnalité, son nom :

« Comment vous nommez-vous ? »

Le **nom** est symbole de dépendance car nommer une chose ou un être équivaud à prendre pouvoir sur eux. Le nom est donc la dimension essentielle de l'individu. La Femme abandonne encore un peu d'elle-même et révèle :

« Mélisande. »

Golaud répète aussitôt ce nom, il croit ainsi avoir prise sur la Femme. Il pense dominer de son raisonnement l'être intuitif qui paraît se confier à lui :

« Vous ne pouvez pas rester ici, Mélisande.
Venez avec moi... »

Il ordonne et se heurte à l'obstination de Mélisande :

« Je reste ici. »

Il réitère son offre d'appui, l'assortit de sous-entendus :

« Vous aurez peur, toute seule. On ne sait pas
ce qu'il y a ici... toute la nuit...
Toute seule... »

Le symbolisme de la nuit et de son cortège d'angoisse est réaffirmé. Mélisande tendue en son refus, hésite à tenter l'expérience de la voie proposée par le destin. Golaud insiste :

« ... ce n'est pas possible, Mélisande, venez,
donnez-moi la main... »

La cellule de l'**âme** se dresse devant cette intrusion (po 23) :

« Oh ! ne me touchez pas !... »

Mélisande est prête à s'engager mais elle veut suivre la voie choisie sans subir aucune contrainte. Se révoltant devant tout ce qui porte atteinte à l'intégrité de son « Moi », elle identifie ce geste à une violation et rapportera plus tard cette scène à Pelléas en interprétant : *« Il voulait m'embrasser »*.

Golaud, une fois de plus, cède :

« Ne criez pas... Je ne vous toucherai plus. »

Et cette fois quémande :

« Mais venez avec moi. La nuit sera très
noire et très froide. »

D'abandon imperceptible en abandon imperceptible, il a laissé sa volonté se transformer en dépendance. Celle-ci est devenue désir de possession et non ce qu'il croit être inclination sentimentale. A chaque nouvelle détermination de Mélisande il renoncera un peu plus. Il avoue à présent sa crainte de l'existence, son angoisse de la solitude... il implore presque :

« Venez avec moi... »

Mélisande alors, doucement, l'interroge sur la voie proposée :

« Où allez-vous ? »

Golaud, avec franchise, répond la vérité :

« Je ne sais pas... Je suis perdu aussi... »

Dans son isolement il a, en fin de compte, plus besoin de Mélisande (l'âme) qu'elle n'a besoin de lui (la matière). La cellule de l'**énigme du monde** reparaît cependant que la cellule de l'**homme** (po 24) continue les interrogations de Golaud... Celui-ci dévie le cours du destin tracé, en suivant les signes d'un destin nouveau. Il n'assume plus les volontés d'Arkel tendant à régénérer Allemonde par l'apport d'une autre expérience mais, malgré lui, amènera la mutation du royaume par un chemin imprévisible.

Golaud emmène Mélisande. Celle-ci pressent-elle que la voie

rencontrée auprès d'une **fontaine,** source d'enseignement, la mènera à l'absolu... ? Golaud, aveuglé par les apparences qu'il ne sait pas dépasser, croit sincèrement en leur vertu pour édifier le bonheur. Offrant celui-ci à Mélisande il ne la devine pas déjà au-delà de l'instant.

La cellule de l'**Enchaînement du destin** (C 18 – po 24) monte à l'orchestre. L'**énigme du monde,** l'**énigme de l'homme,** l'**énigme de l'âme** (po 24-25-26-27) se mêlent. La **cellule-clef** domine (po 28) et pour la première fois la cellule de la **Sagesse Expérimentale** (C 9 – po 29) paraît, précédant Arkel.

La relativité du temps s'impose (48). Six mois ne sont rien pour les inconnues qui assurent la continuité des désirs et des actes.

––––––––––––––

ACTE I

SCÈNE 2 – Un appartement dans le château (po 30).

Geneviève lit à Arkel une lettre envoyée par Golaud à son demi-frère Pelléas.

Une cellule nouvelle, celle de l'**Incertitude** (C 12 – po 30), établit le climat angoissé et tendu des deux sages d'Allemonde, père et fille unis dans le même destin et dans les mêmes interrogations.

« *Voici ce qu'il écrit à son frère Pelléas :* »

dit Geneviève.

Elle témoigne d'une autre pensée. Sa fonction n'est pas de prendre parti. Elle rapporte ce que Pelléas n'a pas osé communiquer lui-même et c'est le récit de ce que nous savons déjà, vu par le seul regard de Golaud... :

« *Un soir, je l'ai trouvée tout en pleurs au bord d'une*
fontaine, dans la forêt où je m'étais perdu. Je ne sais
ni son âge, ni qui elle est, ni d'où elle vient et je
n'ose pas l'interroger, car elle doit avoir eu une grande
épouvante, et quand on lui demande ce qui lui est arrivé,
elle pleure tout à coup comme un enfant et sanglote si
profondément qu'on a peur. »

L'accumulation des avertissements donnés par le destin effraye Geneviève comme Arkel. Un court silence s'établit entre les deux êtres ressentant la menace de l'inconnu. Puis Geneviève reprend le lancinant témoignage de l'infléchissement des destinées provoqué par Golaud :

> « Il y a maintenant six mois que je l'ai épousée et je
> n'en sais pas plus que le jour de notre rencontre. En
> attendant, mon cher Pelléas, toi que j'aime plus qu'un
> frère, bien que nous ne soyons pas nés du même père,
> en attendant, prépare mon retour... »

Pour faire accepter sa « faute » par ceux d'Allemonde, Golaud demande l'intercession de son demi-frère dont la pureté lui paraît la plus sûre médiatrice. Il le tutoie, se rapprochant ainsi de lui. Il ne craint pas les réactions de Geneviève dont il connaît la mansuétude et la compréhension :

> « Je sais que ma mère me pardonnera volontiers. »

mais il témoigne de son appréhension envers la sagesse de celui qui peut se montrer inflexible. N'a-t-il pas contrarié les volontés d'Arkel ? :

> « Mais j'ai peur d'Arkel, malgré toute sa bonté... »

Il suggère une nuance d'espoir :

> « S'il consent néanmoins à l'accueillir, comme il
> accueillerait sa propre fille, »

et, ce faisant, il identifie Mélisande à la continuation d'Allemonde, l'établissant égale à la fonction de Geneviève, fille d'Arkel. La cellule de l'âme, attribuée au principe féminin (po 32) s'infiltre sous ces paroles. Golaud va interroger Arkel de façon détournée en accumulant les symboles. Il va définir le point exact où il se trouve en lui-même, sollicitant la décision qu'il ne veut ni ne peut prendre seul :

> « Le troisième jour qui suivra cette lettre, allume
> une lampe au sommet de la tour qui regarde la mer.
> Je l'apercevrai du pont de notre navire, sinon,
> j'irai plus loin et ne reviendrai plus... »

Trois : nombre fondamental. Air, terre et ciel. Père, mère et enfant. Trinité divine. Symbole du passage du matériel au rationnel puis au divin.

Lettre : Médiation, attestation et renforcement par le concret de la parole, élément fugitif.

Lampe : Signe donné par le destin afin de distinguer le vrai du faux.

Tour : Porte du ciel, élément construit par la volonté de l'homme permettant la vigilance et l'ascension vers l'en-haut.

Mer : Symbole du Cosmos. Gestation de la vie et régénérescence mais aussi image du cœur humain, siège des passions et des tempêtes.

Pont : Voie étroite où l'homme rencontre l'obligation de choisir.

Navire : Qui permet le passage du bien au mal, de la vie à la mort.

Ainsi Golaud, ayant donné à Arkel les éléments de jugement, attend-il de lui le rejet ou l'accueil, l'approbation ou la condamnation. S'il s'avérait que la voie choisie par Golaud ne pouvait être approuvée par Allemonde, il lui faudrait recommencer sa quête, mais il renonce par avance. Il sait qu'il ne trouvera jamais. Il préfère alors persister dans le chemin présent, quelle qu'en soit l'issue :

« J'irai plus loin et ne reviendrai plus... »

Geneviève a compris tous les symboles ; respectueuse de la sagesse, elle demande à Arkel la réponse aux problèmes soulevés par Golaud :

« Qu'en dites-vous ? »

La cellule de la sagesse s'élève alors, précédant les paroles d'Arkel (po 34) :

« Je n'en dis rien. »

Celui que les autres ont décrété « sage » avoue son impuissance à conclure par les signes. Conscient de son incapacité à démêler les manifestations du cours des destinées il préfère laisser aller les événements plutôt que de prendre une décision contrariant peut-être le sort. Il analyse cette situation. Une cellule nouvelle exprime son **Acceptation Stoïque** (C 10 – po 35) :

« Cela peut nous paraître étrange, parce que nous ne voyons jamais que l'envers des destinées, l'envers même de la nôtre... »

Il rappelle la dépendance de Golaud jusqu'alors :

« Il avait toujours suivi mes conseils jusqu'ici,
j'avais cru le rendre heureux en l'envoyant
demander la main de la princesse Ursule... »

Il évoque les raisons de son désir d'infléchir le destin de Golaud incapable de trouver en lui-même la réponse à ses inquiétudes :

« Il ne pouvait pas rester seul, et depuis la mort
de sa femme il était triste d'être seul ; »

Il dit ses regrets, ses espoirs déçus :

« Et ce mariage allait mettre fin à de longues guerres,
à de vieilles haines... »

Il constate le choix de Golaud :

« Il ne l'a pas voulu ainsi. »

Il accepte :

« *Qu'il en soit comme il a voulu :* »

Et, se voulant impartial, s'affirme :

« *Je ne me suis jamais mis en travers d'une destinée ;*
Il sait mieux que moi son avenir. »

Paroles sages dont son propre comportement à l'égard de Pelléas contredira plus loin la vanité. Puis, méditant, il exprime sa confiance en l'avenir :

« *Il n'arrive peut-être pas d'événements inutiles.* »

En réponse, la cellule de l'**idéal** attribuée à Pelléas s'esquisse annonçant les voies du destin (po 39). Geneviève constate les vertus jusqu'alors établies chez Golaud. Des vertus en contradiction avec ce que nous savons de lui :

« *Il a toujours été si prudent, si grave et si ferme...* »

Une détresse poignante imprègne ses paroles :

« *Depuis la mort de sa femme il ne vivait plus que pour*
son fils, le petit Yniold. Il a tout oublié... »

Enfin, aveugle et comme paralysée, à l'image d'Arkel, elle avoue leur faiblesse :

« *Qu'allons-nous faire ?...* »

La cellule de l'**Idéal** (C 8 – po 40) se fait entendre précédant Pelléas. Celui-ci entre, une lettre à la main. Arkel se tourne confusément vers lui et demande :

« *Qui est-ce qui entre là ?* »

Geneviève constate :

« *C'est Pelléas, il a pleuré.* »

Cette lettre et ces pleurs témoignent du choix douloureux fait par le jeune homme. Pelléas a préféré l'ami au frère. En contrariant ce libre arbitre Arkkel va précipiter le cours du destin et permettre au drame de se nouer. L'accueil du vieillard est chargé de signification symbolique :

« *Est-ce toi, Pelléas ? Viens un peu plus près,*
que je te voie dans la lumière »

Depuis le début de ce tableau, le texte nous apporte toutes les preuves des incertitudes d'Arkel. Pelléas ajoutera plus tard, doulou-reusement : « Depuis que le roi est presque aveugle lui-même, on ne vient plus à la fontaine de la connaissance. » Cette sagesse raisonnée, verbale, déductive est bien loin des mouvances de l'âme humaine. Il faut à Arkel la « **lumière** » pour voir Pelléas. Symbole d'un apport exté-rieur, cette clarté vient compenser l'obscurité où se trouve la « sagesse ».

Donc, à l'arrivée des lettres au château, Pelléas a fait un choix. Il a donné le message de Golaud à Geneviève, leur mère, **médiatrice**, symbole du principe qui intercède, protège, et se montre capable d'aider à choisir pour les autres ; mais il a gardé pour lui la lettre de son ami Marcellus. **L'ami** est le symbole du **frère** choisi par le cœur et non imposé par le destin. Or ce frère est au seuil de la vérité, il pressent l'heure du passage de la vie à la mort et veut, avant celle-ci, donner un ultime enseignement à Pelléas. Celui-ci parle :

> « *Grand-père, j'ai reçu, en même temps que la lettre*
> *de mon frère, une autre lettre ; une lettre de mon*
> *ami Marcellus... Il va mourir et il m'appelle...*
> *Il dit qu'il sait exactement le jour où la mort*
> *doit venir... Il me dit que je puis arriver avant*
> *elle si je veux, mais qu'il n'y a pas de temps à*
> *perdre.* »

Nous nous trouvons à ce moment au cœur même de l'ouvrage, et placés devant les analogies qui ne laissent aucun doute sur les intentions de Maeterlinck.

Arkel a envoyé Golaud demander la main de la princesse Ursule, or, Marcellus et Ursule sont deux personnages d'une pièce écrite par Maeterlinck un an avant Pelléas et Mélisande : « Les Sept Princesses ». Dans cette pièce, l'écrivain crée une atmosphère d'un surréalisme étrange, et médite sur l'inaccessibilité de l'idéal.

Le prince Marcellus, obligé d'emprunter les profonds souterrains menant à la chambre de cristal où dorment ses cousines, les Sept Princesses, voit à son approche ne s'éveiller que six d'entre elles. La septième, sa fiancée tant désirée, est morte : c'est Ursule.

Ainsi, Marcellus voulant aller du monde réel au monde idéal voit son rêve détruit dès qu'il le touche. Il ne pourra le retrouver qu'en abandonnant l'enveloppe charnelle dont la matérialité limite l'envol des aspirations spirituelles, c'est-à-dire au moment de la mort, seule initiation de l'âme.

Ursule représente, pour Marcellus comme pour Golaud, **l'Idée.** La lettre envoyée à Pelléas est en quelque sorte prémonitoire de ce qui va arriver en Allemonde. Ursule, fiancée, était déjà morte lorsque Golaud partait à sa rencontre. Les recherches d'Allemonde ignorent la réalité. Arkel ne pressent rien et ramène l'action aux seuls événements qu'il perçoit : le retour de Golaud :

> « *Il faudrait attendre quelque temps cependant,*
> *Nous ne savons pas ce que le retour de ton frère nous prépare.* »

Il veut que tous les rouages du mécanisme qu'il connaît bien soient là. Sourdement une cellule s'annonce (po 42), proche de celle de **l'enchaînement du destin** et qui sera formulée totalement dans la cellule des **Menées Inconscientes** (C 19 – po 187). Elle rappelle le choix de Golaud et ses conséquences.

Soudain Arkel évoque le père de Pelléas :

*« Et d'ailleurs ton père n'est-il pas ici, au-dessus de nous,
plus malade peut-être que ton ami... »*

Le **père** est, ne l'oublions pas, le symbole de la possession, de la domination, de la valeur. Il représente la conscience en face des pulsions instinctives. C'est le monde de l'autorité traditionnelle en face des forces du changement.

Le père « malade » c'est tout une forme de pensée qui est atteinte et que l'acte de Golaud met en péril. Arkel s'oppose donc avec justesse « pour le bien commun » au désir de Pelléas. Il préserve la société dont il est responsable. La collectivité prime l'individualité. Il n'y a donc plus de choix possible pour Pelléas :

« Pourras-tu choisir entre le père et l'ami ?... »

Sans qu'un mot ne l'ait spécifié, Geneviève explicite la conclusion des paroles d'Arkel :

« Aie soin d'allumer la lampe dès ce soir, Pelléas »

Il faut donner à Golaud le signe réclamé pour que le nouveau cours du destin soit poursuivi. L'attente va commencer... La cellule de l'**âme** s'élève, suivie par la cellule de l'**incertitude** (po 44). La cellule de l'**homme** s'y joint (po 45-46) puis, lumineuse, la cellule de l'âme (po 46) précède l'entrée de Mélisande dans le **royaume d'Allemonde**.

Mélisande est dans les prémices de son accomplissement. Toute la longue attente (6 mois, le navire, le voyage) passée en compagnie de Golaud lui a permis de constater combien cette voie, ne différant de celle de son initiation charnelle que par la bonté et le respect, est loin de ses aspirations idéales. Il ne peut donc s'agir que d'un chemin de transition et Mélisande, attentive, observe les signes que le destin lui offre afin d'emprunter sans erreur la voie définitive.

Lorsqu'elle a rencontré Pelléas pour la première fois, l'élan qui les a poussés l'un vers l'autre lui a révélé la proximité de son but. Elle espère à présent, forte de son initiation la plus intime, femme déflorée, face à Pelléas, adolescent vierge, troublé par le souvenir de son ami Marcellus, amputé de cette part affective disparue à jamais.

Arkel, Geneviève, le médecin ont accueilli Mélisande avec franchise mais aussi avec une attention minutieuse appliquée à lire en ses actes. Geneviève, en particulier, commentera souvent la parution des signes du destin et sera la première à observer les traits communs aux destinées de Pelléas et Mélisande.

Yniold, lui, sera le témoin angoissé d'un drame dont il percevra, avant tous, la terrible issue.

ACTE I

SCENE 3 - Devant le château (po 46)

Soutenue par le frémissement mélancolique et transparent des flûtes (po 47) Mélisande va définir, en une succession de symboles précis, l'état exact où se trouve son âme.

Il faut souligner combien l'environnement évoqué par Mélisande paraît souvent en opposition avec ce que nous savons du château décrit par Golaud et Arkel.

Mélisande voit ce qui l'entoure à travers la magnification d'aspirations issues de sa féminité et en fonction de Pelléas, élément cristallisant son idéal.

Cette différence d'optique entre les deux visions, l'une subjective, l'autre objective, accentue le symbolisme attaché au **regard** et souligne le monde de la **matière** et le monde de l'**âme** :

> « *Il fait sombre dans les jardins. Et quelles forêts,*
> *quelles forêts tout autour des palais !... »*

Le **jardin** est symbole du paradis terrestre. Par analogie il devient symbole des états spirituels qui correspondent aux états paradisiaques. Il est le lieu de la croissance des phénomènes vitaux et intérieurs. Enfin, centre le plus intime de l'âme, il peut être ramené au sexe, centre de l'être féminin.

La **forêt,** dont le symbolisme a déjà été utilisé à la première scène, entoure les palais à les étouffer et dans les **jardins** d'Allemonde n'arrive qu'une clarté diffuse symbole des ténèbres qui retiennent les âmes.

Les **palais** sont symbole de tout ce qui échappe au commun des mortels. Ils sont la demeure des souverains, le refuge des richesses, le lieu des secrets. Le **palais** joint les trois niveaux cosmogoniques : le souterrain, le terrestre, le céleste, donc : l'inconscient (secret/intuition), le conscient (science/raison), le surconscient (idéal).

La **forêt** est ici symbole des blocages psychiques freinant la marche vers la connaissance.

Mélisande exprime donc la sensation d'être très près de l'épanouissement et les palais évoqués, riches de tous leurs trésors cachés, témoignent de son impatience à découvrir enfin la révélation.

Sous les mots de Mélisande, la cellule de l'**âme** (po 47) apporte sa lumière.

En réponse, Geneviève donne la clef de l'univers immobile d'Allemonde :

> « *Oui ; cela m'étonnait aussi quand je suis arrivée ici,*
> *et cela étonne tout le monde. Il y a des endroits où*

l'on ne voit jamais le soleil. Mais l'on s'y fait si vite...
Il y a longtemps, il y a longtemps... il y a presque
quarante ans que je vis ici... »

Sans doute éduquée « ailleurs » et arrivée à la féminité, c'est-à-dire ayant franchi le cap de la puberté, Geneviève s'est posée les mêmes questions que Mélisande devant cet immobilisme et cette philosophie stagnante. Tous ceux qui, en Allemonde, sont en âge de comprendre ont de semblables interrogations mais l'habitude vient, l'esprit se plie devant la pensée imposée et tout un comportement acquis remplace peu à peu la personnalité spontanée...

Geneviève, sans tristesse, sans regret, encourage Mélisande à suivre la même voie qu'elle. Elle lui enseigne la patience et, aussitôt, les cellules de l'**âme** et de la **matière** se mêlent (po 48). Geneviève devient alors instrument du destin en amenant Mélisande à porter ses regards sur un autre aspect d'Allemonde.

« Regardez de l'autre côté, vous aurez la clarté de la mer. »

La **mer** symbole de la vie originelle et image du cœur.

Aussitôt la cellule de l'idéal s'exprime. Mélisande dit :

« J'entends du bruit au-dessous de nous... »

Le **bruit,** symbole d'approche difficile comme d'avertissement, est aussi menace de ce qui rôde. Il s'y ajoute le symbolisme de la position inférieure obligeant à l'ascension pour atteindre le but. Geneviève regarde :

« Oui ; c'est quelqu'un qui monte vers nous...
Ah ! c'est Pelléas... »

Geneviève révèle à Mélisande l'attente de lui-même où se trouvait Pelléas avant l'arrivée de la jeune femme :

« Il semble encore fatigué de vous avoir attendue
si longtemps... »

phrase qui est, de sa part, l'expression d'une lucidité absolue devant l'enchaînement des faits. Il est certain qu'élément féminin intuitif, Geneviève a ressenti l'attente de Pelléas devant un idéal inconnu qui s'est matérialisé sous la forme de Mélisande. Celle-ci regrette :

« Il ne nous a pas vues. »

Geneviève pressent les hésitations de Pelléas et, presque malgré elle, faisant le jeu du destin, amène l'adolescent à Mélisande (permettant, comme Arkel, au drame de se nouer) :

« Je crois qu'il nous a vues, mais il ne sait
ce qu'il doit faire... Pelléas, Pelléas, est-ce toi ? »

Pelléas, en réponse, situe l'orientation de sa marche :

« Oui !... Je venais du côté de la mer... »

Les paroles des trois personnages prennent alors une haute signification symbolique. Cette scène est à rapprocher de la scène d'Yniold au douzième tableau. Rassemblement des forces éparses, elle permet à l'auteur de mesurer, de confronter et de stabiliser les éléments du drame.

Geneviève répond :

« Nous aussi ; nous cherchions la clarté.
Ici il fait un peu plus clair qu'ailleurs ;
et cependant la mer est sombre. »

Elle indique qu'en compagnie de Mélisande elles se sont avancées jusqu'au bout du chemin des révélations permises en Allemonde.

Pelléas avoue ce qu'il perçoit :

« Nous aurons une tempête cette nuit : il y en a
toutes les nuits depuis quelque temps... et
cependant elle est si calme maintenant ! »

La **tempête** est symbole de la manifestation de la toute puissance redoutable du destin et ce déchaînement peut se produire la **Nuit** au moment de la gestation inconsciente qui amène les manifestations de la vie.

Pour l'instant la **mer** est **calme,** de ce calme annonciateur des orages. Ainsi Pelléas pressent-il le déchirement où vont se trouver placés les êtres d'Allemonde. Soulignant cette atmosphère, la **cellule-clef** attribuée à Golaud fait entendre aux cors son rythme obsédant (po 54) qui s'imposera pendant toute la scène.

Pelléas, s'il ressent cette angoisse, n'a encore, en aucune façon, le pressentiment d'être un des facteurs du drame. Il constate simplement combien il est facile de prendre une voie inconnue, sans en avoir conscience et sans espoir de retour :

« On s'embarquerait sans le savoir et l'on ne
reviendrait plus. »

A ce stade Pelléas identifie ses émotions aux élans de l'amitié. Les présages funestes sont oubliés, gommés de son esprit. Les sentiments de Mélisande sont plus troubles, même si leur conscience n'en est pas encore avouée.

L'appel des marins retentit au loin :

« Hoé ! hisse hoé ! hoé ! »

sur un rythme bien proche de la cellule-clef (po 55).

Mélisande, comme en un rêve, devine la mutation des instants et s'identifie à cet informulé :

« Quelque chose sort du port... »

Les **marins,** navigateurs des âmes, permettent la relation avec l'invisible. Le **port** est le symbole du refuge où les choses mobiles deviennent immobiles, où le repos se trouve avant le départ vers l'inconnu.

A partir de ces mots un extraordinaire dialogue s'établit entre Pelléas et Mélisande. Une communication réciproque les entraîne de plus en plus loin dans leur âme, de plus en plus près l'un de l'autre.

Pelléas :

« Il faut que ce soit un grand navire...
Les lumières sont très hautes, nous le
verrons tout à l'heure quand il entrera
dans la bande de clarté. »

Il lui faut attendre pour connaître la véritable nature des pulsions qui le submergent. Geneviève réalise que ce navire symbolise Mélisande et Pelléas. Analysant les avertissements, elle mesure les incertitudes où ils se trouvent :

« Je ne sais si nous pourrons le voir...
il y a encore une brume sur la mer. »

Puis elle se tait, devenant le témoin muet de ce qui se joue. Dans ce passage capital, la **cellule-clef** revient sans cesse sous les mots de Pelléas et Mélisande (po 57-58-59).

Pelléas :

« On dirait que la brume s'élève lentement... »

Mélisande :

« Oui ; j'aperçois là-bas une petite lumière
que je n'avais pas vue... »

Pelléas :

« C'est un phare... »

Ils sont attentifs aux **signes,** les observent, les adoptent.

Le **phare,** tour dressée vers le ciel, porte la **lumière** qui guide dans les ténèbres de l'inconscient.

Pelléas ajoute :

« Il y en a d'autres que nous ne voyons pas
encore. »

présageant que bien des clartés viendront les secourir. Mélisande s'engage dans la voie et constate combien elle est près de la révélation :

« Le navire est dans la lumière... Il est déjà bien loin. »

Pelléas tourné vers son avenir, témoigne qu'il se rapproche de son idéal en abandonnant sa vie antérieure.

« Il s'éloigne à toutes voiles... »

Les cellules de l'**âme** et de la **matière** (po 61) se superposent et l'appel des navigateurs se fait à nouveau entendre se glissant sous les mots de Pelléas et Mélisande :

> « *Hisse hoé ! hoé ! hisse hoé !*
> *hisse hoé ! hisse hoé ! hisse hoé !* »

Mélisande regarde à l'intérieur d'elle-même, passant de son identification avec le navire au symbolisme du **navire,** voie menant vers l'inconnu. La **voile** gonflée par le vent n'est-elle pas le symbole des énergies spirituelles ?

> « *C'est le navire qui m'a menée ici.*
> *Il a de grandes voiles... Je le*
> *reconnais à ses voiles...* »

Pelléas redoute l'instant de la **nuit** où il se retrouvera seul, inconscient, dans l'interrogation de lui-même. Il craint de perdre la chaleur de cet instant :

> « *Il aura mauvaise mer cette nuit...* »

Mélisande s'interroge, elle modifie une troisième fois le symbolisme du **navire** et, s'unissant avec Pelléas sur cet élément de « l'ailleurs », envisage les conséquences des entraînements qu'elle ressent :

> « *Pourquoi s'en va-t-il cette nuit ?...*
> *On ne le voit presque plus. Il fera peut-être naufrage !* »

Pelléas accentue :

> « *La nuit tombe très vite...* »

Comme en réponse à leurs questions la cellule de la **matière** menace par deux fois (po 65). Les marins lancent un dernier appel qui n'est plus qu'une rumeur lointaine et Geneviève, avec effort, intervient. Elle demande a Pelléas de devenir **guide** afin de ramener Mélisande dans les voies d'Allemonde.

> « *Il est temps de rentrer. Pelléas, montre*
> *la route à Mélisande.* »

Elle ajoute, en son trouble :

> « *Il faut que j'aille voir, un instant, le petit Yniold.* »

Elle sort, semblant vouloir trouver auprès de l'enfant-averti l'éclaircissement de ses propres appréhensions.

Pelléas et Mélisande seuls, la cellule de l'**âme** murmure à nouveau (po 66).

Pelléas dit :

> « *On ne voit plus rien sur la mer...* »

L'exaltation de leur rencontre tombe peu à peu. A la communication intense succède la sérénité. Mélisande découvre :

> « *Je vois d'autres lumières.* »

Et ces **clartés** illuminent encore leurs âmes. Pelléas voit aussi les signes :

« Ce sont les autres phares... »

Il y ajoute la permanence de cette vie si proche :

« Entendez-vous la mer ?... »

La cellule de l'**existence** sourd derrière ces mots (po 67)) :

« C'est le vent qui s'élève... »

Le **vent** symbole des énergies cosmiques qui donnent la force mais aussi des orages qui se préparent. Mélisande s'abandonne à ces minutes où l'ineffable est côtoyé. Pelléas veut être le guide déterminé par Geneviève :

« Descendons par ici. Voulez-vous me
donner la main ? »

Et Mélisande, radieuse, élève ses mains :

« Voyez, voyez, j'ai les mains pleines de fleurs. »

La **fleur** est, selon Novalis dont la pensée était familière à Maeterlinck, le symbole de l'amour et de l'harmonie, de l'état édénique inexprimable. Les fleurs suggérées ici par Mélisande témoignent de la pureté idéale retrouvée dans l'ambiance de l'amour.

Ne pouvant lui saisir les mains, Pelléas prend le bras de Mélisande :

«Je vous soutiendrai par le bras, le chemin
est escarpé et il y fait très sombre. »

Il s'engage à la soutenir dans les épreuves que va devoir traverser leur attirance mais Pelléas ne discerne pas encore la nature de celle-ci. Mélisande percevra peu à peu la vérité de son amour et tous ces actes seront, dès lors, déterminés, de plus en plus, par la passion.

Soudain, Pelléas révèle l'éventualité d'un voyage :

« Je pars peut-être demain. »

Il faut y voir la demande indirecte d'un signe de Mélisande qui lui montrerait ainsi son intérêt, mais aussi les propres interrogations de Pelléas qui pourrait bien sûr se rendre sur la tombe de son ami Marcellus et n'a plus envie de sacrifier à la fidélité de cette pensée morte.

C'est un nouveau moment du cours du destin ou Mélisande répondant à Pelléas avec un doux reproche :

« Oh !... pourquoi partez-vous ? »

illumine l'âme du jeune homme et l'amène à demeurer en Allemonde.

La cellule de l'**âme** caresse la fin de cette scène accompagnée une dernière fois par la **cellule-clef** qui préfigure les interrogations de la fontaine et de la grotte (po 68-69).

ACTE II

SCÈNE 1 - Une fontaine dans le parc (po 70)

La cellule de l'**idéal** poursuit doucement, aux deux flûtes unies, l'atmosphère précédente (po 70).

Pelléas guide Mélisande vers la fontaine des aveugles. Une cellule nouvelle apparaît, celle de l'**Enseignement** (C 23 - po 71).

La **fontaine**, rappelons-le, est l'endroit privilégié où la révélation peut être perçue. Mélisande a rencontré Golaud au bord d'une fontaine. Cette première épreuve subie n'était que superficielle (« l'eau n'est pas très profonde »). La **fontaine des aveugles** est d'une autre espèce, les abîmes de l'âme recouverts par elle sont insondables (« elle est peut-être aussi profonde que la mer »).

La **fontaine** doit « guérir les yeux des aveugles » c'est-à-dire ouvrir la conscience des hommes qui, prisonniers des apparences quotidiennes, cherchent, dans la connaissance, le sens de leur destin et l'accès au chemin de leur âme.

Pelléas situe ce lieu pour Mélisande :

« Vous ne savez pas où je vous ai menée ? -
Je viens souvent m'asseoir ici vers midi, lorsqu'il
fait trop chaud dans les jardins. On
étouffe aujourd'hui, même à l'ombre des
arbres. »

Pelléas vient souvent en cet endroit de recueillement à **midi** (symbole de lumière dans la plénitude de l'instant sans ombre) lorsqu'il fait trop **chaud** dans les **jardins** (la chaleur est feu et centre du cœur) alors que son âme déborde d'élan et d'idéal. Aujourd'hui, en compagnie de Mélisande, l'intensité de ses pulsions est telle qu'il étouffe du désir d'accomplissement, même à l'**ombre** protectrice des **arbres.**

Mélisande, radieuse, observe :

« Oh ! l'eau est claire... »

Elle interprète le signe de cette limpidité comme un présage favorable.

Pelléas est indécis devant le trouble qu'il ressent :

« Elle est fraîche comme l'hiver. »

Nul miasme, nulle moiteur ne viennent altérer l'énigme de ce lieu et l'**hiver** symbolise l'attente de la renaissance. Pourtant, les deux jeunes gens sont encore loin de l'abandon... A ce moment, la cellule syncopée qui bat comme l'**accélération du destin** apporte son émoi à Pelléas (po 74).

Pelléas poursuit :

« C'est une vieille fontaine abandonnée. il paraît
que c'était une fontaine miraculeuse, elle ouvrait les yeux
des aveugles. On l'appelle encore la fontaine des aveugles. »

Mélisande est frappée par ce que sous-entend la forme passée employée par Pelléas pour évoquer le temps où la fontaine était miraculeuse. Elle interroge Pelléas avec la peur de la disparition des pouvoirs de la **fontaine :**

« Elle n'ouvre plus les yeux des aveugles ? »

Pelléas dit la justification de cet abandon :

« Depuis que le roi est presque aveugle lui-
même, on n'y vient plus... »

Arkel ne s'illusionne pas et **sait** qu'il est aveugle parmi les aveugles (voir supra).

Il n'a pas rencontré, dans son application de la connaissance déductive, les pouvoirs initiateurs de l'intuition. Il a seulement acquis la sagesse raisonnée et la tolérance stoïque. Les clefs de l'harmonie sont perdues pour lui.

Pourtant Arkel a envoyé Golaud chercher la princesse Ursule (voir supra) pensant ainsi ramener le principe féminin en son univers, mais les femmes s'éteignent au contact de la sagesse expérimentale. Geneviève en s'intégrant à la philosophie d'Allemonde a repoussé l'intuition. Dans le château, nul ne sait plus lire les signes du destin : le père et le médecin les ignorent, Geneviève les redoute, Arkel se trompe, Golaud les rejette. Pelléas tente de s'abandonner à l'inconnu sans y parvenir. Yniold reçoit les signes mais ne peut qu'en témoigner sans les comprendre.

Mélisande se rassérène :

« Comme on est seul ici... On n'entend rien. »

Sous ces mots, la cellule de la **présence du destin** s'entend doucement (po 75).

Pelléas prolonge :

« Il y a toujours un silence extraordinaire...
On entendrait dormir l'eau... »

Ils sont seuls dans ce royaume d'Allemonde qui se perd. La cellule de la **fontaine** vient accompagner les émois de Pelléas et Mélisande (po 77), réunis par un identique besoin d'absolu. Ils ressentent cet instant unique au plus profond de leur être sans en avoir vraiment conscience.

Pelléas invite Mélisande :

« Voulez-vous vous asseoir au bord du bassin de
marbre ? Il y a un tilleul ou le soleil
n'entre jamais... »

Le **tilleul** arbre de l'amitié, est symbole de la fidélité tendre. Jusqu'à ce jour nulle vérité n'est apparue sous son feuillage apaisant. Ce disant, Pelléas fait état de sentiments sages. Mélisande réaffirme sa soif de connaissance :

« Je vais me coucher sur le marbre.
Je voudrais voir le fond de l'eau... »

Pelléas avoue n'avoir rien trouvé en ses propres méditations :

« On ne l'a jamais vu... Elle est peut-être aussi
profonde que la mer. »

Mélisande veut savoir et prendra tous les risques pour cela. Elle s'avance au-dessus de la fontaine :

« Si quelque chose brillait au fond, on
le verrai peut-être... »

Elle est ainsi dans une position inversée par rapport à celle qu'elle occupait au premier tableau. En celui-ci, Mélisande était couchée au pied de la fontaine ; là, elle surplombe l'eau. Ainsi est en danger l'esprit cherchant la voie. Elle suit des pensées confuses mais déterminées qui l'amèneront jusqu'à l'abandon volontaire de l'anneau et, occupée à la recherche d'elle-même, semble oublier Pelléas.

Celui-ci s'inquiète :

« Ne vous penchez pas ainsi. »

Mélisande s'obstine :

« Je voudrais toucher l'eau... »

Pelléas prend peur du tour inattendu des désirs exprimés par Mélisande. Venu pour la guider, et l'esprit féminin lui échappant, il veut l'aider :

« Prenez garde de glisser... Je vais
vous tenir par la main... »

Mélisande refuse :

« Non, non, je voudrais y plonger les deux mains... »

Son désir de recevoir seule la révélation de ses sentiments est sans équivoque. A la croisée de ses impulsions, non encore certaine des élans de son âme, son intuition la conduit à pousser le jeu des questions jusqu'au point de non retour. Voulant plonger ses deux mains dans l'eau et, ainsi, s'abandonner toute à la connaissance, elle constate :

« On dirait que mes mains sont malades aujourd'hui... »

Donc, de façon symbolique, ses **mains** sont peut-être incapables de recevoir et de transmettre. Alors Pelléas s'affole :

« Oh ! oh ! prenez garde ! prenez garde ! Mélisande ! Mélisande ! »

Les **cheveux** de Mélisande, émanation d'elle-même prolongent le geste impuissant et touchent l'eau.

Pelléas reste interdit :

« Oh ! votre chevelure !... »

Mélisande regrette l'inefficacité de ses élans :

« Je ne peux pas, je ne peux pas l'atteindre ! »

La cellule du **destin** est là (po 81). Pelléas s'exclame :

« Vos cheveux ont plongé dans l'eau... »

La chevelure de Mélisande approche l'inconnu tant désiré. Les **cheveux** sont un symbole d'une richesse extraordinaire. Marque de la plus grande intimité de l'être et attribut de la féminité, ils émanent des forces inconscientes qui nous gouvernent. Symbole d'indépendance et d'élan sensuel, ils signifient tressés, la retenue ; dénoués, l'abandon. Ils sont doués d'un pouvoir quasi éternel qui les fait demeurer présents longtemps après la mort.

Mélisande, orgueilleuse, signifie que ses cheveux, prolongement de son corps, vont plus loin que la force de sa conscience :

« Oui, ils sont plus longs que mes bras...
Ils sont plus longs que moi... »

Le symbolisme de la **chevelure** placée sur la **tête** où peut se poser la **couronne,** donc près du ciel, dépasse le symbolisme du **bras** et du **corps** limité dans l'espace.

Après l'exposition symbolique de cette scène, la situation évolue tout à coup vers une forme réelle et présente. Les sentiments extérieurs découlent des pulsions intérieures. La cellule de la **matière** revient sans répit (po 82-83). Mélisande se ferme aux questions de Pelléas, elle refuse de rappeler un passé rejeté. Pelléas a beau interroger :

« C'est au bord d'une fontaine aussi
qu'il vous a trouvée ? »

Mélisande élude :

« *Oui...* »

Pelléas peut insister :

« *Que vous a-t-il dit ?* »

Mélisande reste tendue dans son refus :

« *Rien, je ne me rappelle plus...* »

Pelléas pose des questions d'homme. Ce n'est pas de sa part curiosité malsaine mais plutôt la manifestation d'un inconscient mouvement de jalousie :

« *Etait-il tout près de vous ?* »

Mélisande, malgré elle, laisse échapper son interprétation de la scène vécue réellement. Elle justifie à ses propres yeux l'opposition qu'elle a témoignée à Golaud, dès que celui-ci a voulu la dominer :

« *Oui ; il voulait m'embrasser...* »

Peut-être aussi provoque-t-elle inconsciemment Pelléas. Celui-ci persiste. Elément masculin, donc matériel quoiqu'idéaliste, les motivations profondes du principe féminin lui échappent. Il porte en lui des réactions proches de Golaud, qu'il n'abandonnera qu'au seuil de la mort :

« *Et vous ne vouliez pas ?* »

Mélisande répond à peine :

« *Non.* »

Pelléas devient pressant :

« *Pourquoi ne vouliez-vous pas ?* »

Mélisande rompt complètement avec le chemin des apparences où le jeune homme veut l'entraîner. Son esprit a cheminé depuis le moment où ses cheveux ont touché l'eau. Elle est demeurée tendue vers la sensation ressentie alors et décide de s'y abandonner.

« *Oh ! oh ! j'ai vu passer quelque chose au fond de l'eau...* »

Elle va traduire cet abandon par le rejet de l'anneau imposé par Golaud. Cet anneau, sans doute conjuré par les eaux protectrices de la fontaine et dont Golaud n'a tiré aucun enseignement, va rejoindre son élément initial, par la provocation de Mélisande.

L'anneau est le symbole du lien indissoluble qui unit l'homme à son destin. Cercle fermé, centre de l'être, ceinture protectrice, il représente un enchaînement réciproque.

En prenant l'anneau qui encerclait son doigt et en le donnant à Mélisande, Golaud lui accordait la protection en lui imposant la soumission. **L'anneau** avait dû être confié à Golaud par Arkel. Issu d'une connaissance péniblement arrachée, incomplète, aux profondeurs de la fontaine des aveugles ; il y retournera sur une impulsion du destin. En ce moment n'est-il pas le symbole des espoirs contrariés d'Allemonde ? Cercle infini, spirale du monde qui se replie sur lui-même en son expansion, il se détruit en se construisant (voir le symbolisme de l'anneau – supra).

Lorsqu'elle l'a reçu, Mélisande a dû retarder le moment de passer l'anneau à son doigt. Elle a refusé, longtemps sans doute, ce symbole d'un savoir incertain, puis elle a consenti à jouer les apparences pour mieux être libre de regarder en elle-même. (voir infra p   )

Maintenant c'est la conscience d'une voie nouvelle qui la détermine. Elle court s'asseoir au bord de la fontaine. Une cellule nouvelle, celle de l'**Intuition** (C 11 – po 84), vient accompagner cette action qui laisse Pelléas dans le désarroi :

> *« Prenez garde ! prenez garde !*
> *Vous allez tomber ! »*

La cellule passe de l'orchestre à la voix en enlacements qui présagent la révélation consciente, c'est-à-dire l'aveu de l'amour qui ne viendra que bien plus tard...

Mélisande lance l'anneau de Golaud vers le ciel en semblant vouloir défier le possible.

> *« Avec quoi jouez-vous ? »*

s'étonne Pelléas

> *« Avec l'anneau qu'il m'a donné... »*

répond Mélisande presque agressive.

La cellule du **lien** attribuée à l'anneau apparaît à l'orchestre (C 7 – po 84). Les symboles s'accentuent.

Pelléas implore :

> *« Ne jouez pas ainsi, au-dessus d'une eau si*
> *profonde... »*

C'est-à-dire au-dessus d'une **connaissance** telle, que son approche l'effraie. Mélisande, volontaire, poussée par un irrésistible mouvement intérieur, s'impose une épreuve et interroge le destin.

N'oublions pas la recherche entreprise par Mélisande. La jeune femme n'hésite jamais à s'engager sur les chemins inconnus qui peuvent mener à la découverte de l'idéal ni à abandonner sans retour les voies où elle ne l'a pas rencontré. Elle n'a pas accepté la volonté de domination exprimée par Golaud au moyen du symbolisme de l'anneau. Celui-ci, abandonné par Golaud, représentait pour ce dernier une connaissance dont il était dépositaire et qu'il a donc perdue. Le rejet par Mélisande de cette voie d'un bonheur composé par Golaud signifiera pour lui le retour à l'instabilité première. Le sentiment de frustration né alors se manifestera par une jalousie de plus en plus exacerbée.

Mélisande se force à des gestes précis :

« *Mes mains ne tremblent pas.* »

Pelléas s'émerveille et s'inquiète :

« *Comme il brille au soleil !*
Ne le jetez pas si haut vers le ciel ! »

Le **ciel** et le **soleil** étant symboles de la lumière et de la chaleur révélatrices et vitales.

Mélisande lance l'anneau non seulement haut dans l'**air** (voir symbole supra) mais aussi de plus en plus loin d'elle, vers le **centre** de la **fontaine,** essence de vie.

Elle a un geste fantastique d'une ultime provocation. L'**anneau** lui échappe et tombe, englouti par les profondeurs de l'eau. Mélisande vient d'unir son destin à celui de Pelléas, de par sa volonté intuitive. Elle se trouve dans l'exacte situation de sa venue auprès de la première fontaine tout au début de l'œuvre. Elle avait alors abandonné sa **couronne.** Elle abandonne à présent l'**anneau.** Elle avait **accepté** Golaud, elle **choisit** Pelléas. Et, par deux fois, le symbolisme du **cercle** (couronne et anneau) est mêlé au symbolisme de l'**eau.**

Le **cercle,** nous l'avons vu (supra), est un symbole fondamental, protecteur de par sa forme idéale mais aussi imposant des limites à qui le porte sous la forme d'un anneau, d'un bracelet, d'un collier, d'une ceinture ou d'une couronne. Son rejet implique l'idée d'une évasion. Jeté à l'**eau,** il symbolise le désir d'un nouvel enseignement.

Pelléas est effrayé du sort de cette bague riche de vertus :

« *Oh ! il est tombé ! »*

Mélisande constate, nette :

« *Il est tombé dans l'eau ! »*

Pelléas s'affole :

« *Où est-il ? Ou est-il ? »*

L'**eau** s'est refermée sur une connaissance obtenue à grand peine par ceux d'Allemonde. L'**eau** reprend son bien et prive Golaud d'une protection dont il n'a su que faire. A présent Mélisande est libre.

La cellule du Lien disparaît cependant que l'anneau s'engloutit (po 87).

Mélisande, comme soulagée, observe ce qui se passe :

« *Je ne le vois pas descendre. »*

Pelléas, anxieux, se raccroche à des espoirs très incertains :

« *Je crois la voir briller ! »*

Mélisande regarde alors Pelléas (comme elle avait regardé Golaud au premier tableau) et l'interroge une première fois :

« *Ma bague ?* »

Elle veut connaître les perceptions de Pelléas et celui-ci ne comprend pas le sens de cette interrogation. Il reste penché vers la connaissance passée :

« *Oui, oui,... là-bas...* »

Mélisande ressent cela et va alors, mi-consciente, mi-inconsciente, amener peu à peu Pelléas à elle. Elle s'éloigne de la fontaine :

« *Oh ! oh ! elle est si loin de nous !...* »

En ce pluriel, elle s'unit à Pelléas.

« *non, non, ce n'est* **pas** *elle...*
ce n'est **plus** *elle...* »

Elle affirme sa volonté de rupture en accentuant les négations. Elle marque la fin du chemin :

« *Elle est perdue... perdue !* »

Elle accepte la voie que le destin vient de confirmer :

« *Il n'y a plus qu'un grand cercle sur l'eau...* »

Un **cercle** se refermant comme un livre... Soudain elle interroge une deuxième fois Pelléas :

« *Qu'allons-nous faire maintenant ?...* »

Pelléas répond, désemparé, il cherche à se rassurer lui-même en minimisant l'importance de la bague :

« *Il ne faut pas s'inquiéter ainsi pour une*
bague. Ce n'est rien. Nous la retrouverons
peut-être ! Ou bien nous en retrouverons une
autre. »

Il ne comprend pas ce qui est arrivé. L'attitude de Mélisande le déroute. Venu à la fontaine des aveugles « montrer le chemin » à Mélisande, il a été dépassé par la jeune femme et se trouve à présent devant un inconnu dont il ne mesure pas la portée.

Mélisande sent la distance qui la sépare encore de Pelléas. Elle s'affirme avec une sorte de tragique pressentiment :

« *Non, non, nous ne la retrouverons plus,*
nous n'en trouverons pas d'autres non plus... »

Il n'y aura pas d'autre destin que celui déterminé en ces instants...

Mélisande soliloque, cherchant à se donner une confirmation dans une justification :

« *Je croyais l'avoir dans les mains cependant... J'avais*
déjà fermé les mains, et elle est tombée malgré
tout... »

La cellule du lien ponctue ses paroles (po 90).

Sa pensée passe d'une vérité déguisée (un peu semblable à son interprétation d'« il voulait m'embrasser ») à l'acceptation triomphante de ce qu'elle a fait :

« Je l'ai jetée trop haut du côté du soleil. »

(et nous trouverons une affirmation semblable à l'avant-dernière scène : *« Je veux qu'on me voie »).*

Mélisande a provoqué le **destin** et la clarté de sa **révélation** l'a aveuglée de sa **lumière.**

Pelléas, désorienté, cherche à la ramener au quotidien :

« Venez, nous reviendrons un autre jour,
venez, il est temps. On irait à notre rencontre. »

Il observe :

« Midi sonnait au moment où l'anneau est tombé. »

Midi : instant où la révélation est la plus forte.

La cellule de l'**enseignement** accompagne cette phrase (po 91).

Mélisande regarde Pelléas et l'interroge une troisième fois :

« Qu'allons-nous dire à Golaud s'il demande où il est ? »

Ce faisant elle éprouve la pureté de l'âme de Pelléas et lui demande de s'engager. Elle veut qu'il trouve (principe masculin) la réponse au problème qu'elle a posé (principe féminin). Pelléas ne sait pas mentir, il répond :

« La vérité, la vérité,... »

Les aspirations secrètes de Mélisande sont satisfaites. Pourtant, celle-ci ne dira pas la vérité à Golaud lorsqu'il l'interrogera. En mentant, elle préservera la seule certitude comptant pour elle, celle reçue auprès de la fontaine. La cellule de l'**enseignement** monte de façon fulgurante jusqu'à la cellule de l'**intuition** (po 92).

La cellule de la **matière** vient en rompre le cours (po 93). Toute une effervescence d'orchestre précède alors la scène suivante.

———————

ACTE II

Scène 2 - Un appartement dans le château (po 97)

Mélisande, hésitant encore sur la signification de ce qui s'est passé, va donner une dernière chance à Golaud. Interrogeant son époux, elle en sondera l'âme afin d'y trouver la confirmation ou l'infirmation des instants précédents. Le dialogue le plus significatif sur l'incommunicabilité des êtres et sur l'incompréhension des formes de pensées différentes va commencer. Golaud y confirmera les limites d'un esprit incapable de s'adapter aux situations qui se présentent à lui. Mélisande en cherchant à se faire comprendre, se heurtera à ces limites. Golaud, bon et respectueux tant que rien ne vient le contrarier, se laissera vite emporter par la violence et l'aveuglement des passions. En agissant ainsi, il ne peut manquer d'éveiller en l'esprit de Mélisande le souvenir de son premier époux...

La cellule du **lien** s'impose avec force (po 97) et Golaud affirme sa confiance en la voie où il se trouve. Certain de ne jamais être dans l'erreur, il témoigne de son indifférence envers le signe donné par le destin : son accident :

« Ah ! ah ! tout va bien, cela ne sera rien.
Mais je ne puis m'expliquer comment cela
s'est passé. Je chassais tranquillement
dans la forêt. Mon cheval s'est emporté
tout à coup, sans raison ? A-t-il vu quel-
que chose d'extraordinaire ?... Je venais
d'entendre sonner les douze coups de midi.

La **cellule-clef** (po 98) marque son rythme obsédant et les signes du destin s'additionnent. Cette « chasse tranquille » racontée par Golaud est à l'image de sa quiétude égoïste et cruelle.

Le « **cheval emporté sans raison** » est un riche symbole. Son évocation est acompagnée de la cellule de l'Intuition (po 99) enchaînant elle-même avec la précision des « **douze coups de midi** ». Le **cheval** est symbole du psychisme inconscient et de l'impétuosité des désirs. Son destin est inséparable de l'homme. Le **cheval** peut être médium, guide et voyant lorsque le cavalier est aveugle. S'il y a conflit entre le cavalier et sa monture la course entreprise peut conduire à la mort.

Le cavalier qui ne guide plus sa monture (donc l'impétuosité de ses instincts) voit celle-ci devenir **aveugle** à son tour. La bête devient alors élément destructeur de celui qui ne la maîtrise plus.

Le charme de l'**anneau** jouait, lorsque Golaud le portait au doigt, et opposait la raison d'Allemonde à sa faiblesse humaine. (voir supra). Lorsque Mélisande le portait son bénéfice existait encore mais dès l'instant où cet anneau a été rejeté Golaud retourne aux formes les plus primitives de comportement. La passion dépasse la raison et Golaud devient alors le symbole des instincts non contrôlés :

« Au douzième coup, il s'effraie subitement,
et court, comme un aveugle, fou contre un arbre. »

Au douzième coup de **midi**, à l'heure où la **lumière** (révélation) est la plus forte, le **cheval** (médium) a ressenti la perte de l'**anneau,** l'abandon de cette ceinture protectrice donnée par Golaud pour mieux encercler son bonheur. Alors le **cheval** est allé s'écraser contre un **arbre,** racine du **ciel** dressé devant lui. Cette situation est le symbole de la mort spirituelle où se trouve à présent Golaud.

Celui-ci raconte :

« Je ne sais plus ce qui est arrivé. Je suis
tombé, et lui doit être tombé sur moi ; je
croyais avoir toute la forêt sur la poitrine,
je croyais que mon cœur était déchiré. »

Golaud ne saisit pas le sens du symbole où toutes les forces inconscientes sont liguées. Il pense avoir triomphé de l'épreuve imposée par le sort grâce à ses propres ressources. Il le dit avec orgueil :

« Mais mon cœur est solide. Il paraît
que ce n'est rien... »

Mélisande offre à Golaud la voie de la connaissance recherchée à deux :

« Voulez-vous boire un peu d'eau ? »

Elle propose son intuition que Golaud refuse, satisfait de lui-même :

« Merci, je n'ai pas soif. »

Une cellule nouvelle, l'**Incommunicabilité**, s'attache à la scène (C 24 – po 102). Mélisande insiste. Son désir de purification veut éloigner les égarements de son mari :

« Voulez-vous un autre oreiller ?...
Il y a une petite tache de sang
sur celui-ci. »

Le **sang,** véhicule des passions, s'ajoute à l'**oreiller,** symbole de repos, de calme intérieur (la tête doit s'y abandonner), mais pour répondre à cet office, l'oreiller doit être immaculé. La cellule de la **matière** contrarie cet espoir (po 103) et Golaud refuse encore :

« Non ; ce n'est pas la peine. »

Ancré dans sa confiance en lui, il ne peut pas répondre à la demande exprimée par Mélisande. Celle-ci insiste à nouveau, soutenue par la cellule de l'incommunicabilité (po 103) :

« Est-ce bien sûr ?... Vous ne souffrez pas trop ? »

Son époux manifeste toujours la même conviction orgueilleuse :

« Non, non, j'en ai vu bien d'autres.
Je suis fait au fer et au sang. »

Mélisande, par le symbolisme de ce qu'elle dit, s'efforce de faire percevoir à Golaud le retour qu'il devrait accomplir sur lui-mêmes, pour leur bien commun :

« Fermez les yeux et tâchez de dormir. »

Elle attendra tout le temps que durera cette réflexion :

« Je resterai ici toute la nuit. »

Golaud s'attendrit. Il prend pour de la sollicitude les désirs de vérité suggérés par Mélisande :

« Non, non ; je ne veux pas que tu te fatigues
ainsi. Je n'ai besoin de rien, je dormirai
comme un enfant... »

La cellule de l'**incommunicabilité** s'entend toujours (po 105). Golaud se veut comparable à un **enfant,** symbole de simplicité. Devant cette incompréhension affirmée, Mélisande s'abandonne aux larmes. Un fragment de la cellule de l'**âme** s'élève avant que Golaud ne s'étonne des pleurs de sa femme :

« Qu'y a-t-il Mélisande ? Pourquoi pleures-tu tout à coup ? »

La cellule de l'âme se déforme, se dissimule (po 106). Mélisande balbutie... :

« Je suis... je suis malade ici... »

Cette maladie est symbole de rupture de l'ordre établi. Mélisande est malade en esprit et en parlant ainsi, elle provoque Golaud qui s'inquiète :

« Tu es malade ?... Qu'as-tu donc,
qu'as-tu donc, Mélisande ? »

Mélisande reste évasive, d'abord :

« Je ne sais pas... Je suis malade ici... »

puis dit la vérité :

« Je préfère vous le dire aujourd'hui ;
Seigneur, je ne suis pas heureuse ici... »

Il ne faut oublier que Mélisande vit de façon intuitive et non construite. Il ne faut pas perdre qu'elle agit sous l'emprise des forces qui la guident en essayant de bénéficier de leur cours et en infléchissant son propre comportement selon elles. Donc elle passe du « **mensonge** » à la « **vérité** », sans transition. Golaud manifeste une stupéfaction à l'égal de son incompréhension :

« Qu'est-il donc arrivé ?... Quelqu'un t'a fait
du mal ?... Quelqu'un t'aurait-il offensée ? »

Au désarroi de sa femme, Golaud n'apporte qu'une réaction de préséance vaniteuse.

Mélisande essaye de se faire comprendre, n'y parvient pas :

« Non, non, personne ne m'a fait le moindre mal...
Ce n'est pas cela. »

La cellule de l'**incommunicabilité** se mêle à la cellule de l'**idéal** (po 108), sous les mots de Golaud :

« Mais tu dois me cacher quelque chose ?
Dis-moi toute la vérité, Mélisande... »

Il s'obstine à réclamer une franchise que Mélisande ne cesse de lui donner. Il veut trouver un responsable et ne songe pas à lui :

« Est-ce le roi ? Est-ce ma mère ?... »
Est-ce Pelléas ?... »

Au nom de Pelléas, Mélisande se récrie, refusant de l'associer à son trouble. Sa sincérité est réelle :

« Non, non, ce n'est pas Pelléas. Ce n'est personne...
Vous ne pouvez pas me comprendre... »

Elle seule est bien le centre de ses interrogations. Presque comme en rêve elle met à nu le fond de son âme, de cet inconscient auquel elle n'est peut-être pas totalement abandonnée. Cette restriction est bien la raison de la dernière chance donnée à Golaud en ce moment :

« C'est quelque chose qui est plus fort que moi... »

La cellule de l'**idéal** lui répond doucement (po 109). Golaud s'étonne, un sourd malaise commence à l'envahir. Il veut faire admettre par Mélisande, **mariée** donc **adulte,** que le stade des impulsions et des caprices est dépassé :

« Voyons ; sois raisonnable, Mélisande.
Que veux-tu que je fasse ?
Tu n'es plus une enfant. »

Et la cellule de l'**incommunicabilité** trahit ses mots (po 109).

Soudain traversé d'une pensée, il se tourmente :

« Est-ce moi que tu voudrais quitter ? »

Ses réactions sont simples. Bon sens et logique lui servent de guides mais nulle émotion ne l'amène à la conscience des problèmes de Mélisande.

Celle-ci prend peur devant cette question trop précise :

« Oh ! non ; ce n'est pas cela... »

Elle s'efforce de trouver des excuses à son émoi et le justifie par un désir de fuite. La cellule de l'**incommunicabilité** s'affole à l'orchestre (po 110).

« Je voudrais m'en aller avec vous...
C'est ici, que je ne peux plus vivre... »

Comme pour elle-même, pressentant que les élans de son âme la mèneront à la mort, elle ajoute :

« *Je sens que je ne vivrai plus longtemps...* »

Golaud n'a cure de ces derniers mots. Il veut obtenir une explication raisonnable. Il rabaisse Mélisande au niveau des caprices et bute contre cette situation qu'il ne peut dénouer :

« *Mais il faut une raison cependant. On
va te croire folle. On va croire à des
rêves d'enfant.* »

Il s'en revient à Pelléas, **enfant,** selon lui, à l'image de Mélisande :

« *Voyons, est-ce Pelléas, peut-être ?
Je crois qu'il ne te parle pas souvent.* »

Il imagine une possibilité de querelle entre les deux adolescents. Il pense à l'indifférence du jeune homme. Mélisande travestit, une fois de plus, la vérité :

« *Si ; il me parle parfois. Il ne m'aime pas, je crois ;* »

C'est peut-être une interrogation d'elle-même qui se pose ainsi sous cette forme... Si son mari avait un peu d'intuition il lirait, sous l'apparence restrictive des mots, l'émotion qui pousse Mélisande vers Pelléas. Elle exprime tout haut ce qu'elle redoute peut-être en son for intérieur :

« *Je l'ai vu dans ses yeux...* »

Elle pense à la scène de la fontaine.

La cellule de l'**intuition,** entendue pour la première fois lorsque Mélisande a décidé de provoquer le destin, se rappelle (po 112).

Mélisande par une phrase anodine en apparence fait allusion à de fortuites rencontres :

« *Mais il me parle quand il me rencontre...* »

Golaud n'y voit pas malice, mais la pensée de Mélisande est subtile car Pelléas n'est en harmonie avec elle qu'aux trop rares moments de réunion où leurs âmes vibrent à l'unisson.

Alors Golaud, parlant de Pelléas, retrouve les mots oubliés, se rapproche des pensées qu'il portait en lui avant de rencontrer Mélisande, avant d'abandonner l'anneau de la connaissance.

« *Il ne faut pas lui en vouloir. Il a toujours
été ainsi. Il est un peu étrange. Il changera,
tu verras ; il est jeune...* »

Voulant impliquer par là combien Pelléas est encore loin de la **sagesse.**

Au ton sentencieux de Golaud, Mélisande réplique avec véhémence :

« *Mais ce n'est pas cela... ce n'est pas cela...* »

Elle tente encore d'amener Golaud à l'aider.

S'il savait la comprendre, la guider dans l'épreuve subie, peut-être dominerait-elle l'élan qui la pousse vers Pelléas. Peut-être transmuterait-elle cette pulsion en un sentiment élevé d'amitié et, enfin, s'assujetirait-elle à son mari malgré le rejet de l'anneau, se rapprochant ainsi de la philosophie de Geneviève ; mais ses atermoiements se heurtent au manque de discernement de Golaud...

Celui-ci pourtant s'ingénie à juger pleinement cette situation :

> « *Qu'est-ce donc ?*
> *Ne peux-tu pas te faire à la vie qu'on mène ici ?*
> *Fait-il trop triste ici ? Il est vrai que ce*
> *château est très vieux et très sombre... Il est*
> *très froid et très profond.* »

Il cerne ce qui étouffe Mélisande : la vie d'Allemonde compliquée par une recherche pesante, figée dans un bonheur inexistant. La cellule de l'**enchaînement du destin** s'étire pour établir l'immense tristesse qui s'exhale de cette atmosphère (po 114).

C'est vrai, à son arrivée, Mélisande a évoqué un **Palais** symbole de l'épanouissement suprême ; maintenant Golaud parle d'un **château**, symbole où se transcende le spirituel et où s'abrite un pouvoir mystérieux et insaisissable. Tout ce qui touche au château est glacial, perdu. Golaud pénètre combien la dynastie d'Allemonde est à bout :

> « *Et tous ceux qui l'habitent sont déjà vieux.* »

Il confond en un même regard Arkel, Yniold, Geneviève, Pelléas et lui-même.

La régénérescence de ce royaume mort pourrait être Mélisande mais cela Golaud ne le devine pas. Il accumule les symboles de l'usure d'**Allemonde :**

> « *Et la campagne peut sembler triste aussi,*
> *avec toutes ces forêts, toutes ces vieilles forêts sans lumière.* »

Golaud mesure ce que l'on pourrait faire... :

> « *Mais on peut égayer tout cela si l'on veut.* »

Mais, cette idée à peine effleurée, il limite aussitôt les possibilités de bonheur. Il invite Mélisande au renoncement, à l'acceptation :

> « *Et puis, la joie, la joie, on n'en a pas tous les jours ;* »

Golaud presse Mélisande de lui demander un acte tangible qu'il pourra réaliser pour la rendre heureuse :

> « *Mais dis-moi quelque chose ; n'importe quoi ;*
> *je ferai tout ce que tu voudras...* »

La cellule attribuée au **lien** – l'anneau – (po 116) indique le cheminement des pensées de Mélisande et la ramène auprès de la fontaine (po 117).

Elle libère une part de ses pensées. Elle adapte les paroles de Golaud à son usage :

« Oui, c'est vrai... on ne voit jamais le
ciel ici. »

La cellule de l'**enseignement** module le cours des pensées de Mélisande et l'amène à retrouver le moment de la révélation :

« Je l'ai vu pour la première fois ce matin... »

Les instants où Golaud s'est abandonné à la méditation s'achèvent. pris au piège des mots, il estime que la « position » donnée à sa femme doit la préserver de tout enfantillage. Le **ciel** (c'est-à-dire l'idéal) peut se concevoir à l'âge d'Yniold mais plus à celui de Mélisande :

« C'est donc cela qui te fait pleurer, ma pauvre
Mélisande ? Ce n'est donc que cela ? Tu pleures
de ne pas voir le ciel ? Voyons, tu n'es plus à
l'âge où l'on peut pleurer pour ces choses... »

La cellule de l'**incommunicabilité** vient (po 117-118) ponctuer cette pseudo-sagesse. Golaud fait miroiter une saison de chaleur et de clarté qui contredit les propos tenus jusqu'alors :

« Et puis l'été n'est-il pas là ? Tu vas
voir le ciel tous les jours. »

Golaud repousse à une époque lointaine la vague promesse d'un avenir indéterminé. Il sous-entend peut-être, maladroitement, l'éventuelle naissance de l'enfant... :

« Et puis l'année prochaine... »

Il se veut paternel :

« Voyons, donne-moi ta main ;
donne-moi tes deux petites mains. »

En réclamant ces **mains** que Mélisande avait tant refusées à leur première rencontre, il exprime encore sa domination. Sans attendre, Golaud affirme sa possession et prend les mains de sa femme en les comparant à la fragilité des **fleurs**. Ce langage est surprenant dans la bouche de cet être rude mais témoigne d'une sensibilité profonde refoulée par l'enseignement d'Allemonde :

« Oh ! ces petites mains que je pourrais
écraser comme des fleurs... »

Golaud s'aperçoit de l'absence de l'anneau au doigt de Mélisande :

« Tiens, où est l'anneau que je t'avais donné ? »

Tout de suite cette surprise se teinte d'inquiétude. L'absence de l'**anneau** signifie la disparition des protections reçues. Golaud redoute l'agression des forces qui le trouveraient sans défense. Mélisande pour des raison différentes réagit de même :

« *L'anneau ?* »

Elle aussi se trouve dans une situation de défense. Elle va donc dissimuler et travestir **la** vérité afin de mieux protéger **sa** vérité.

Golaud insiste :

« *Oui ; la bague de nos noces, où est-elle ?* »

Mélisande retire ses **mains :**

« *Je crois.... Je crois qu'elle est tombée.* »

Les questions succèdent aux réponses, Golaud s'énerve :

« *Tombée ?*
Où est-elle tombée ? – Tu ne l'as pas perdue ? »

Mélisande rompt :

« *Non ! elle est tombée... elle doit être tombée...*
mais je sais où elle est... »

Golaud exige :

« *Où est-elle ?* »

Mélisande en retardant ce qui doit paraître une explication naturelle prend le temps d'échafauder un aveu à la portée de la crédulité de Golaud :

« *Vous savez bien... vous savez bien...*
la grotte au bord de la mer ?... »

Golaud acquiesce de suite :

« *Oui.* »

Mélisande s'affermit :

« *Eh bien ! c'est là... il faut que ce soit là...* »

Cette dernière phrase « il **faut** que ce soit là » prend un tour ambigu car la **grotte** est le symbole de l'inconscient. Une cellule nouvelle s'attache à l'**angoisse** de ces instants (C 13 – po 122).

Mélisande authentifie son mensonge en y mêlant Yniold, gage d'innocence :

« *Oui, oui ; je me rappelle. J'y suis allée,*
ce matin, ramasser des coquillages pour le
petit Yniold... Il y en a de très beaux... »

Elle invoque la menace de la **mer,** immensité qui peut anéantir :

« *Elle a glissé de mon doigt... puis la mer est*
entrée, et j'ai dû sortir avant de l'avoir
retrouvée. »

L'anxiété de Golaud grandit :

« Es-tu sûre que c'est là ? »

et enracine Mélisande dans sa fable :

« Oui, oui ; tout à fait sûre. Je l'ai sentie glisser... »

Elle a trouvé un terrain solide où elle s'installe sans peur. L'ordre inattendu de Golaud l'atteint d'autant plus :

« Il faut aller la chercher tout de suite. »

De ce fait elle perçoit sa situation présente avec une acuité presque insoutenable :

« Maintenant ? tout de suite ? dans l'obscurité ? »

Mélisande a d'abord repoussé la voie imposée par son premier époux. Ensuite elle a suivi Golaud, comme la chance d'une nouvelle orientation, sans aucune attirance véritable. Elle s'est rapprochée de Geneviève et d'Yniold, esprits encore intuitifs. Elle s'est interrogée devant Arkel dont elle redoute la sagesse expérimentale. Elle a entr'aperçu le père. Elle a observé le Médecin à la présence mystérieuse. Mue par un élan irrésistible elle a, devant Pelléas, provoqué le destin et rejeté la voie imposée par Golaud. Elle est **seule** à présent dans **l'obscurité**. Elle a peur ; et Golaud la maintient dans cette dépendance sans s'en rendre compte :

« Maintenant, tout de suite, dans l'obscurité... »

Il avoue n'être rien puisque la connaissance révélée a disparu. Privé des protections parvenues jusqu'à lui à travers les générations d'Allemonde, Golaud est un infirme :

« J'aimerais mieux avoir perdu tout ce que j'ai
plutôt que d'avoir perdu cette bague. Tu ne sais
pas ce que c'est. Tu ne sais pas d'où elle vient. »

Tout le symbolisme de l'**anneau** menace Golaud. C'est le signe des destins associés qui est perdu. Si d'autres trouvaient cet anneau Golaud serait en quelque sorte soumis à leur volonté car le pouvoir de l'anneau peut se transformer en perversion magique. Cet anneau vient de la tradition alchimique sans doute. En donnant à Mélisande ce gage de force et de foi, Golaud affirmait imprudemment sa supériorité. Cette marque de confiance était plus un témoignage d'orgueil qu'un élan sincère envers l'inconnue. Golaud a peur à présent :

« La mer sera très haute cette nuit. La mer
viendra la prendre avant toi... dépêche-toi... »

Il redoute la **mer,** cet informel qui peut, la **nuit,** au moment où les gestations se forment, absorber l'**anneau** et enchaîner Allemonde. Il y a donc conflit entre les craintes de Golaud imaginant l'anneau menacé par la mer et les secrets de Mélisande. En réalité la bague gît au fond de la **fontaine** de la connaissance sous l'**eau** pure de la régénération et se régénère elle-même en quelque sorte. En agissant comme elle l'a fait, Mélisande a donc arrêté le cheminement désastreux du Royaume et imposé à celui-ci un autre parcours, mais cela nul ne le sait encore.

Mélisande est effrayée et recule, elle découvre la puissance des forces qu'elle a mises en mouvement :

« *Je n'ose pas... je n'ose pas aller seule.* »

Golaud s'affole des conséquences de la perte de la bague et devient l'instrument du destin. Il précipite Mélisande à la rencontre de Pelléas. Il l'oblige à poursuivre la voie qu'elle a choisie par impulsion :

« *Vas-y, vas-y avec n'importe qui. Mais il*
faut y aller tout de suite, entends-tu ?
Dépêche-toi ; demande à Pelléas d'y aller
avec toi »

Mélisande repousse d'abord cet ordre avec effroi :

« *Pelléas ? – avec Pelléas ? – Mais*
Pelléas ne voudra pas... »

Golaud cingle Mélisande. Il rallie tout le clan d'Allemonde à son inquiétude. Il repousse l'étrangère qui a failli, la rejette, l'isole :

« *Pelléas fera tout ce que tu lui demandes.*
Je connais Pelléas mieux que toi. Vas-y,
hâte-toi. »

Il s'abandonne au paroxysme de l'angoisse :

« *Je ne dormirai pas avant d'avoir la bague.* »

Mélisande brisée, enferrée par la conséquence de ses actes va marcher au devant de son destin... :

« *Oh ! oh ! je ne suis pas heureuse, je ne suis pas heureuse.* »

Partie d'une dernière chance donnée à Golaud afin d'y trouver matière à réflexion, elle est arrivée, par l'accélération des événements, à précipiter son propre choix.

Les cellules de la **matière,** de l'**âme** et de l'**idéal** se mêlent pendant tout l'interlude (po 129 à po 134) traversé par l'appel de la cellule de l'**enseignement** (po 128-129) puis par l'apparition fugitive d'une déformation de la cellule de la **sagesse**, avant d'arriver à la formation d'une nouvelle cellule, celle de l'**Inconscient** attribuée à la grotte (C 4 – po 130). Mélisande s'en va rejoindre Pelléas.

Que lui dira-t-elle ?

A la fontaine, questionnant Pelléas « Qu'allons-nous dire à Golaud s'il demande où il est ? », elle avait obtenu en réponse « la vérité »... Mais, nous l'avons vu, Mélisande a préféré taire celle-ci pour protéger ses propres certitudes.

Sans qu'il s'en rende compte Pelléas est amené par Mélisande a faire ce qu'elle désire. Il va entrer dans le jeu de cette vérité travestie et aidera la jeune femme à construire un univers qui les absorbera peu à peu.

ACTE II
SCÈNE 3 – La grotte (po 134)

La scène de la grotte, comme celle de la fontaine, « marque une étape de plus dans le lent approfondissement du "moi" par la conscience » (49).

Dans cette scène, Maeterlinck accumule les symboles, et Debussy en crée l'atmosphère sans autre rappel que la cellule du destin (au début du moins) comme pour mieux établir le monde nouveau qui se révèle à Pelléas et Mélisande.

La **grotte** symbolise l'exploration du « moi » intérieur et, plus particulièrement, du « moi » primitif refoulé dans les profondeurs de l'inconscient.

Dans la grotte règne une lumière imperceptible qui indique la route à suivre pour les âmes à la recherche d'elles-mêmes. Lieu d'initiation, il faut passer par son obscurité pour arriver à la lumière. Les grottes aux limites invisibles recèlent souvent des dangers inattendus. Selon Platon, les âmes seraient enfermées dans ce lieu d'ignorance et de souffrance.

Sa position sous le sol ou sous les montagnes l'identifie aux mondes de l'en-bas.

En l'occurence la grotte est située sous une falaise, au bord de la **mer** et éclairée par son reflet.

A la recherche d'elle-même, Mélisande a pleuré auprès de la **fontaine** où Golaud l'a rencontrée. Elle a interrogé, froidement, la **fontaine des aveugles.** Elle va à présent, dans la **grotte,** descendre, palpitante, à la rencontre des ombres de son inconscient. Elle emmène Pelléas avec elle... Il est fascinant d'observer combien Mélisande se sert des êtres pour accomplir sa destinée. Leur imposant ses problèmes et leur demandant de les résoudre lorsqu'elle achoppe sur les conséquences de ses actes, elle suit un temps ceux qui se croient devenus ses guides pour les dépasser au moindre éveil de son intuition.

Pelléas arrive au seuil de la grotte, précédant Mélisande :

« *Oui ; c'est ici, nous y sommes. Il fait*
si noir que l'entrée de la grotte ne
se distingue plus du reste de la nuit... »

Dans cet infini tout est ténèbre, le chemin de leur Moi est à l'unisson de leurs interrogations jusqu'ici sans réponse. Pelléas tourne la tête :

« *Il n'y a pas d'étoiles de ce côté.* »

Rien ne les guide sinon ce qu'ils trouveront en eux-mêmes et les cellules du destin le rappellent (po 135). Pelléas observe et prévient :

« *Attendons que la lune ait déchiré ce grand nuage*
elle éclairera toute la grotte et alors nous
pourrons entrer sans danger. Il y a des endroits
dangereux et le sentier est très étroit, entre
deux lacs dont on n'a pas encore trouvé le fond. »

L'**étoile** est symbole des phares qui aident à suivre le chemin, donc à percer l'obcurité de la **nuit** de l'inconscient.

La **lune** est symbole de la connaissance indirecte car la lune, astre mort, reflète le **soleil**. Elle éclaire le chemin, toujours dangereux, de l'imagination.

Le **nuage** est symbole du voile qui recouvre la **lumière** (soleil ou lune) et qui, se déchirant peu à peu, laisse apparaître la vérité, comme la dispersion des idées confuses révèle les idées justes.

Ainsi Pelléas prescrit-il la patience à Mélisande afin qu'y voyant plus clair en eux-mêmes, ils puissent avancer sans danger pour leurs âmes. Le **sentier** est symbole de l'étroit chemin qui mène à la connaissance ; situé entre **deux lacs sans fond** il symbolise les dangers de se perdre dans les redoutables profondeurs de l'inconscient. Les **lacs** sont aussi symbole des créations de l'imagination exaltée.

Pelléas avoue n'avoir pas osé prendre une aide :

« *Je n'ai pas songé à emporter une torche ou une lanterne* »

La **torche** est symbole de la purification par le feu. Elle éclaire la traversée des enfers et les chemins de l'initiation.

La **lanterne** est symbole d'illumination de l'esprit. Pelléas ajoute qu'ils trouveront certainement seuls la compréhension des signes :

« *Mais je pense que la clarté du ciel nous suffira.* »

Il interroge Mélisande pour savoir si elle a déjà tenté une telle introspection :

« Vous n'avez jamais pénétré dans cette grotte ? »

Mélisande reconnaît :

« Non... »

Presque timidement, devant l'inconnu, Pelléas détermine alors leur marche :

« Entrons-y... »

Ainsi, à tour de rôle, s'entrainent-ils un peu plus avant.

Pelléas n'oublie pas la nécessité de justifier leur quête aux yeux du monde profane. Il veut donner à Mélisande les arguments que comprendra Golaud :

« Il faut pouvoir décrire l'endroit où vous avez
perdu la bague, s'il vous interroge. »

Dans l'imprécision des sentiments qui l'agitent, Pelléas cherche peut-être à rasséréner son frère afin qu'Allemonde retrouve l'équilibre menacé par la perte de l'anneau, qui sait... ?

Pelléas décrit la grotte :

« Elle est très grande et très belle, elle
est pleine de ténèbres bleues. »

Cette **grotte** est symbole de profondeur et d'harmonie, les ténèbres ne sont pas noires et obscures mais **bleues,** la plus pure et la plus profonde des couleurs, celle où le regard s'enfonce à l'infini, où le réel se transforme en imaginaire. Pelléas ajoute :

« Quand on y allume une petite lumière on dirait
que la voûte est couverte d'étoiles, comme le ciel. »

La **voûte** symbole du ciel et de la connaissance infinie se couvre ainsi de guides.

Maeterlinck additionne les symboles pour confirmer le rôle assuré en ces instants par Pelléas. Golaud a chargé son frère d'une mission qui devrait ramener Mélisande à la dépendance, mais ni Golaud ni Pelléas ne pressentent jamais les moments ou Mélisande va dévier le cours des volontés. Pelléas dit :

« Donnez-moi la main, ne tremblez pas
ainsi. Il n'y a pas de danger ; nous nous arrêterons
au moment que nous n'apercevrons plus la clarté de
la mer... »

La **main** est la sécurité offerte par celui qui guide et qui doit rassurer celui qui est guidé.

Pelléas croit savoir exactement jusqu'où il pourront aller. En ces instants sa raison l'emporte, c'est-à-dire la raison d'Allemonde qui dirige encore ses déterminations.

Au début de cette scène, Debussy, dans son adaptation du texte de Maeterlinck, n'a plus tenu compte de la place en retrait de perception où il a mis Pelléas jusqu'alors. Il a confié aux deux personnages le même degré de dialogue. A présent, il recommence imperceptiblement à décaler Pelléas et Mélisande. (infra p   )

Pelléas pénètre dans la grotte. La cellule de l'inconscient, tout de suite bat à l'orchestre (po 142-143). Mélisande reste sur le seuil, apeurée... Pelléas s'en alarme :

« Est-ce le bruit de la grotte qui vous
effraie ? Entendez-vous la mer derrière nous ?
– Elle ne semble pas heureuse cette nuit... »

Le **bruit** de la **grotte** est symbole des pensées tumultueuses qui affluent de l'inconscient. Il s'oppose au **silence** rencontré au bord de la **fontaine,** lieu d'enseignement.

Pelléas remarque combien la **mer** source de vie et de mort est menaçante. Ces signes lui paraissent autant de dangers (Pelléas avait déjà observé une mauvaise mer à la scène 3). Mais tout à coup les menaces reculent. Une cellule issue de la cellule-clef s'épanouit en cellule du **conscient** (C 5 – po 144). Avec la **lumière,** l'illumination des âmes et de l'esprit s'expriment.

Pelléas s'écrie :

« Oh ! voici la clarté ! »

Mélisande entre dans la **grotte** (regarde en elle, donc) pour s'y trouver face à ce que cette introspection lui apporte de révélation par la grâce de cette **lumière** tant recherchée par elle.

Elle voit, se trouble :

« Ah ! »

Pelléas remarque l'agitation de Mélisande :

« Qu'y a-t-il ? »

Mélisande balbutie :

« Il y a... Il y a... »

Pelléas avoue :

« Oui... je les ai vus aussi... »

C'est-à-dire trois misérables écrasés au sol, trois épaves, symboles de Pelléas, de Mélisande et de Golaud unis par le destin.

Mélisande s'affole devant ce signe. Elle rejette à la fois son passé et cet avenir qui paraît tout aussi douloureux.

« Allons-nous en !... Allons-nous en !... »

Pelléas cherche une explication à ce qu'il n'interprète pas comme Mélisande :

« *Ce sont trois vieux pauvres qui se sont endormis...*
Il y a une famine dans le pays.
Pourquoi sont-ils venus dormir ici ?... »

Nul bonheur en Allemonde. Les consciences s'étiolent dans l'apparente protection du territoire du château, près de la mer, étouffées dans les profondeurs de la terre.

Mélisande est retournée vers l'entrée de la grotte. Elle supplie Pelléas de quitter cette observation dangereuse :

« *Allons-nous en... Venez... Allons-nous en !...* »

A aucun prix, elle ne veut voir Pelléas comprendre le sens de ce symbole qui est présage de mort.

Pelléas répond, en fonction de sa propre interprétation :

« *Prenez garde, ne parlez pas si haut...*
Ne les éveillons pas... Il dorment encore profondément... »

Il faut laisser en paix les signes mystérieux. Les pensées troubles ne doivent pas être agitées. Il faut se méfier des chimères... Ainsi s'aveugle Allemonde.

Les cellules déformées de la **Matière**, du **Lien** et de l'**Idéal** se répondent comme en écho (po 148-149).

Pelléas et Mélisande abandonnent le monde de l'inconscient.

Pelléas tend la main à Mélisande comme il l'a déjà fait dans les jardins, à la fontaine et au seuil de cette grotte :

« *Venez.* »

Mélisande refuse cette aide aussi nettement qu'elle avait repoussé Golaud à leur première rencontre :

« *Laissez-moi ; je préfère marcher seule...* »

Elle suivra sa seule détermination contre les avertissements même de sa conscience.

En ces instants Mélisande nie les réalités. elle refoule tout sentiment de culpabilité mais le passé n'a pas disparu pour autant. Comme à la fin de la scène de la fontaine elle déroute Pelléas par ses réactions imprévisibles. Elle sort. Pelléas la suit justifiant leur fuite par la promesse vague d'un retour :

« *Nous reviendrons un autre jour...* »

L'inconscient retourne aux ténèbres. La cellule qui s'y rattache se calme peu à peu (po 150).

Pelléas et Mélisande ne reviendront jamais sur leurs pas. Golaud peut vivre désormais dans l'appréhension de ce qui arrivera... Mélisande, poussée par ce « quelque chose » qui est plus fort qu'elle, s'engage encore plus avant, avec une sorte de provocation...

ACTE III

SCÈNE 1 – Une des tours du château (po 151)

Tout est redevenu calme en apparence dans le château d'Allemonde. Une paix trompeuse s'exprime au seuil de la scène par le
bruissement des harpes. Une cellule nouvelle caractérise l'**Emoi Irrépressible** des âmes. (C 25 – po 152).

A la fenêtre de la tour Mélisande dénoue ses cheveux... Autant la
fin de la scène précédente l'a vue hostile et fermée ; autant sa volonté
de poursuivre le chemin choisi lui donne ici une sérénité triomphante.
Le rejet de tout matérialisme par l'**âme** précipite celle-ci vers l'**idéal**.
De plus en plus, Mélisande s'éloignera de Golaud et se rapprochera de
Pelléas.

Les **cheveux dénoués** sont symbole d'abandon. Sachant jusqu'où
iront les conséquences de sa démarche, Mélisande se livre à sa
destinée.

Il faut remarquer le changement établi par Maeterlinck dans l'attitude de Mélisande à partir de cette scène. Dès lors, Mélisande n'agit
plus en seule recherche de la révélation spirituelle. A sa soif de pureté
et à son désir d'idéal s'ajoutent des impulsions charnelles. Son
abandon à Pelléas deviendrait sans doute réel si Golaud ne les tuait
pas. Maeterlinck, homme écrivant pour les hommes de son temps,
n'esquive pas le problème de la chair. En cernant les tabous, les
complexes, les principes imposés, il transcende la réalité en l'unissant
à l'abstraction. Ce faisant, il n'oublie pas le symbolisme de la perpétuation de la vie attribué au principe féminin, et s'il se refuse à l'union
sexuelle de Pelléas et Mélisande c'est pour mieux affirmer la supré-
matie de l'esprit sur la matière.

Mélisande chante un véritable appel. L'attente de tout son être
s'exprime par le symbolisme de la chevelure auquel s'ajoute le symbolisme des saints évoqués :

« Mes longs cheveux descendent
jusqu'au seuil de la tour.
Mes cheveux vous attendent
tout le long de la tour.
Et tout le long du jour,
et tout le long du jour.
Saint Daniel et saint Michel,
Saint Michel et saint Raphaël.
Je suis née un dimanche,
un dimanche à midi... »

Les **cheveux** (prolongement de l'être) attendent le long de la **tour** (porte du ciel) **tout le long du jour** (stade dans l'ascension spirituelle) aidés par les **saints** (caution exceptionnelle).

Mélisande est à la fin du cycle de ses questions. Son âme s'est épanouie un **dimanche** (jour suprême, symbole du calme) à **midi** (heure de la révélation totale).

Pelléas entre et l'affrontement amoureux commence, semblable à l'éternel ballet rituel de toutes les espèces. Il interpelle Mélisande avec une fébrile ardeur :

« Holà ! Holà ! ho !... »

Mélisande, radieuse, pose une question digne du jeu de ces instants :

« Qui est là ? »

Elle sait que Pelléas répond à son appel. A présent, sans cesser d'attirer le jeune homme, elle lui laissera le plus souvent l'initiative des actes. Il faut que Pelléas passe de l'amour non révélé à l'amour révélé. Pour obtenir l'aveu Mélisande va provoquer, donner, refuser, jouer de sa féminité en un mot. Pelléas n'a pas été atteint au même degré que Mélisande par l'avertissement reçu à la grotte. Il ne prend que peu à peu conscience de ses sentiments. Jusqu'alors la présence de Mélisande comblait le vide de ses aspirations spirituelles. Dans le froid royaume d'Allemonde Pelléas pensait avoir trouvé l'amitié. Toujours en retard de compréhension, il vit devancé par un principe féminin infiniment plus complexe et plus prompt. Parti d'une attente instinctive de l'**idéal** (« il semble encore fatigué de vous avoir attendue si longtemps » cf. acte I - scène 3), il a subi la modification de son destin (« pourras-tu choisir entre le père et l'ami ? » cf. acte I - scène 2). Attiré dès le premier jour par Mélisande, il a cherché à se faire connaître d'elle sans percevoir qu'elle le devinait avec cette faculté prodigieuse qu'ont les femmes de pressentir.

Maintenant, Mélisande sait qu'elle aime Pelléas sans être certaine de la réciprocité. Pelléas aime Mélisande et ne le sait pas encore. Il affirme sa présence masculine :

« Moi, moi, et moi !... »

et questionne :

« Que fais-tu là, à la fenêtre en chantant
comme un oiseau qui n'est pas d'ici ? »

La **fenêtre** est symbole de la réceptivité.

L'**oiseau** est symbole des états supérieurs, émanation de l'**âme** il joue un rôle de médiateur entre le **ciel** et la **terre**. L'oiseau « qui n'est pas d'ici » marque bien où est la cassure dans Allemonde.

Depuis la scène de la grotte Pelléas et Mélisande se tutoient. Ce trait est capital car il symbolise la progression de l'intimité des deux âmes.

Mélisande précise à Pelléas le sens de son attente :

« J'arrange mes cheveux pour la nuit... »

C'est-à-dire : j'ordonne les forces qui me poussent afin que la mystérieuse alchimie des ténèbres soit préparatrice de la révélation du jour.

Une cellule nouvelle, proche de celle de l'âme reflète l'**abandon à l'Emoi** (C 26 – po 155).

Pelléas s'avance :

« C'est là ce que je vois sur le mur ?
Je croyais que tu avais de la lumière... »

Les **cheveux** de Mélisande sont pour Pelléas la **clarté** le guidant au-delà du **mur,** symbole de la séparation. Mélisande révèle :

« J'ai ouvert la fenêtre. Il fait trop chaud
dans la tour... il fait beau cette nuit. »

Sa volonté est nette de briser les limites où ses aspirations ne rencontrent que des murs, fussent-ils protecteurs. La beauté de la nuit lui paraît propice aux idéaux entrevus.

Pelléas s'harmonise avec les sentiments de Mélisande :

« Il y a d'innombrables étoiles ; je n'en ai jamais vu
autant que ce soir ; mais la lune est encore sur la mer... »

Il voit, en lui, de multiples signes. Jamais le sens de son destin ne lui était apparu plus tracé ; mais la **lune,** symbole de son inconscient recouvre encore la révélation qu'il pressent.

Il demande à Mélisande de l'aider :

« Ne reste pas dans l'ombre, Mélisande,
penche-toi un peu, que je voie tes cheveux dénoués. »

Cette **chevelure** offerte symbolise l'abandon des barrières dressées. Pelléas réclame la nudité de l'âme à l'image de l'intimité du corps. Mélisande ne s'y trompe pas et, tout en s'offrant avec une apparence d'orgueil, elle révèle une inquiétude :

« Je suis affreuse ainsi... »

Son âme sera-t-elle acceptée par Pelléas ?

Cette réaction est justificative de toutes les dérobades avant les abandons.

Mélisande se penche. Pelléas en reçoit alors la révélation. A partir de cet instant, son amour va croître jusqu'au moment où tomberont les obstacles qui s'élèvent entre son cœur et ses lèvres, et retiennent encore ses aveux.

« *Oh ! oh ! Mélisande,*
Oh ! tu es belle ! tu es belle ainsi !...»

Il s'impatiente :

« *Penche-toi ! penche-toi !...*
Laisse-moi venir plus près de toi. »

Mélisande retarde le cours de ces minutes comme pour mieux les assurer :

« *Je ne puis pas venir plus près de toi...*
Je me penche tant que je peux... »

Pelléas déplore ce qui les sépare. Cet **espace** est symbole de tout ce qu'ils ont encore à franchir :

« *Je ne puis pas monter plus haut...* »

Il demande alors à Mélisande :

« *Donne-moi du moins ta main ce soir* »

Il faut remarquer le symbolisme des contacts physiques établis entre Mélisande et les autres au cours de l'ouvrage, jusqu'alors.

1er **tableau :** Mélisande refuse tout contact avec Golaud.

3e **tableau :** à la proposition de Pelléas (voulez-vous me donner la main ?) Mélisande répond en lui demandant de ne pas meurtrir les fleurs qu'elle tient, Pelléas la soutient alors par le bras.

4e **tableau :** Pelléas veut aider Mélisande en lui tenant la main, elle refuse en trouvant ses mains « malades ».

5e **tableau :** Contrainte par Golaud, elle lui abandonne ses mains un instant et c'est la révélation de la perte de l'anneau.

6e **tableau :** Pelléas tend la main à Mélisande qui ne la prend pas et préfère « marcher seule ».

A présent Pelléas veut que Mélisande lui permette de toucher sa **main,** symbole de l'union du masculin et du féminin.

Brusquement, Pelléas annonce un fait inattendu :

« *avant que je m'en aille... Je pars demain...* »

Ce départ est suggéré par les sages (Arkel, le Médecin) qui, depuis la perte de l'anneau, voient Pelléas entraîné dans un chemin où l'émotion prend le pas sur la raison.

Pelléas fait de ce départ un élément du jeu d'amour puisque Mélisande ne s'est pas abandonnée à ses instances. Il dérange les desseins de Mélisande qui aussitôt se récrie et doit lâcher un peu de ses armes :

« *Non, non, non...* »

Pelléas accentue son avantage :

« *Si, si, je pars, je partirai demain...*
donne-moi ta main, ta main, ta petite
main sur mes lèvres... »

La cellule de l'**émoi irrépressible** soutient ses paroles en se mêlant à celle de l'**abandon à l'émoi** (po 160-161). Les **lèvres,** orifice du corps, élément de communication avec l'extérieur, sont symbole de vérité comme de mensonge. Mélisande se refuse à leur livrer un gage. Elle retourne le jeu en sa faveur :

« *Je ne te donne pas ma main si tu pars...* »

Pelléas supplie :

« *Donne, donne, donne...* »

Mélisande impose ses conditions :

« *Tu ne partiras pas ?...* »

Et Pelléas cède, il attend maintenant que Mélisande veuille bien venir à lui :

« *J'attendrai, j'attendrai...* »

Imperceptible, la cellule de l'enseignement, transfigurée, se joint à la cellule de l'émoi irrépressible (po 162). Mélisande trouve en elle l'amour de Pelléas :

« *Je vois une rose dans les ténèbres...* »

De plus profond de son inconscient vient cette révélation absolue. La rose est le symbole de l'amour pur, du don de soi ; elle s'épanouit dans les jardins paradisiaques pour un accomplissement sans défaut. Elle est l'élément primordial, nous l'avons vu. (supra).

Pelléas demande à Mélisande de lui expliquer ce qu'elle dit :

« *Où donc ?... je ne vois que les branches*
du saule qui dépasse le mur... »

Le **saule** est un symbole complexe liant mort et immortalité mais aussi se rapportant au corps féminin – en cela il se trouve être perpétuation de l'espèce. Les **branches,** éléments issus du sol et tendus vers le ciel, sont symbole de communication. Pelléas veut dépasser les obstacles qui les séparent mais pour cela il lui faut interpréter les signes... Mélisande le guide dans les profondeurs de leurs âmes :

« Plus bas, plus bas, dans le jardin ;
là-bas, dans le vert sombre... »

Le **vert** est symbole d'espérance, de régénération, il est éveil de la vie. C'est une couleur secrète née de la chaleur et du froid. Il est base de l'initiation par le principe alchimiste de l'émeraude qui perce les plus grands secrets. Il est porteur de vie comme de mort et symbole du feu secret des âmes parce que l'envers du feu apparent. Enfin, il est symbole universel des connaissances secrètes, espérées, redoutées. Par son évocation Mélisande témoigne de l'intensité des émotions ressenties en cet instant. Pelléas manifeste sa peine à suivre Mélisande en des chemins si obscurs :

« Ce n'est pas une rose... »

Il subit la dualité symbolique du vert.

Mélisande voit en cette couleur une régénération. Pelléas n'y trouve que menaces et dangers. Il cherche à renouer avec ses premières impulsions :

« J'irai voir tout à l'heure, mais donne-moi
ta main d'abord ; d'abord ta main... »

La cellule des émois irrépressibles souligne ce désir (po 163). Mélisande abandonne sa main à Pelléas :

« Voilà, voilà... je ne puis me pencher davantage. »

Elle comprend tout à fait la retenue de Pelléas. Ce dernier n'est pas encore au stade de l'acceptation. Il sont ainsi près l'un de l'autre, se tenant par la **main,** séparés par l'**air.** Pelléas ne pouvant atteindre de sa chair, la chair de Mélisande :

« Mes lèvres ne peuvent pas atteindre ta main ! »

Mélisande, bouleversée, s'abandonne à Pelléas presqu'au delà de ce que celui-ci demande :

« Je ne puis me pencher davantage...
Je suis sur le point de tomber... »

Alors, projetés par un pouvoir mystérieux, les **cheveux** de Mélisande vont prolonger ses désirs contenus. Ils glissent le long de la **tour** et vont se blottir dans les **bras** de Pelléas. :

« Oh ! oh ! mes cheveux descendent de la tour !... »

Pour Pelléas, c'est la révélation du premier contact. Au-delà d'une main concédée, Mélisande livre son être en livrant le symbole de son âme :

« Oh ! oh ! qu'est-ce que c'est ?...
Tes cheveux, tes cheveux descendent vers moi !...
Toute ta chevelure, Mélisande, toute ta chevelure
est tombée de la tour !... »

Alors commence une des plus grandes expressions d'amour du théâtre chanté. Ainsi que Tristan, ainsi que Roméo, Pelléas seul parle pour deux. Mélisande se tait et écoute.

Une cellule paraît, la **Possession Spirituelle** (C 27 – po 167), à la fois motif de possession et d'offrande.

Pelléas presse doucement contre lui la chevelure de Mélisande, caressant doucement ses cheveux comme un être vivant :

« Je les tiens dans les mains, je les tiens dans
la bouche... Je les tiens dans les bras, je les
mets autour de mon cou... Je n'ouvrirai plus les
mains cette nuit ! »

Mélisande se défend faiblement :

« Laisse-moi ! laisse-moi !...
Tu vas me faire tomber ! »

Les paroles de Pelléas sont presque un aveu :

« Non, non, non ;... je n'ai jamais vu de
cheveux comme les tiens, Mélisande !...
Vois, vois, vois, ils viennent de si haut et ils
m'inondent encore jusqu'au cœur ;... ils
m'inondent encore jusqu'aux genoux !...
Et ils sont doux, ils sont doux comme s'ils
tombaient du ciel !... Je ne vois plus
le ciel à travers tes cheveux. »

Pour lui, Mélisande voile à présent jusqu'aux plus grandes élévation spirituelles... Il s'enflamme :

« Tu vois, tu vois ?... mes deux mains ne peuvent
pas les tenir ;... Il y en a jusque sur
les branches du saule... »

En unissant le symbolisme du **saule** à celui des **cheveux,** il compare ceux-ci à des **oiseaux,** messagers du ciel et de la terre.

« Ils vivent comme des oiseaux dans mes mains, »

Dans son exaltation il reproche à Mélisande d'être indifférente :

« et ils m'aiment, ils m'aiment plus
que toi !... »

Ce qui provoque chez elle une réaction de protection de cet amour et, aussi, le besoin de se défendre... une dernière fois :

« Laisse-moi, laisse-moi... Quelqu'un pourrait venir... »

Depuis le moment où Pelléas a pris les cheveux de Mélisande dans ses mains, à l'orchestre sous le frémissement de la tendresse des menaces sourdes traversent le tissu sonore : rythmes de la **matière** esquissés, **présence du destin,** etc. (po 169-170-171-172-173).

Pelléas, principe masculin, asservit le principe féminin qui l'a contraint à être vainqueur :

« Non, non, non, je ne te délivre pas cette nuit... »

Il affirme sa domination :

« Tu es ma prisonnière cette nuit »

c'est-à-dire, soumise :

« toute la nuit, toute la nuit... » et le symbolisme de la **Nuit** (voir supra) clôt la conquête. Mélisande vaincue, dit faiblement :

« Pelléas ! Pelléas !... »

C'est la première fois qu'elle le nomme en sa présence. Elle prend ainsi à son tour possession d'un être par le symbole de son nom.

La joute d'amour s'achève, mais les mots précis de l'aveu n'ont pas encore été prononcés.

La cellule de la possession se répète (po 175). Pelléas lie les **cheveux** de Mélisande à l'**arbre** s'attachant ainsi pour toujours l'être qui l'a révélé à lui-même :

« Je les noue... Je les noue aux branches
du saule... Tu ne t'en iras plus... tu ne t'en iras plus...
regarde, regarde, j'embrasse tes cheveux. »

Il avoue avoir trouvé la réponse à ses angoisses :

« Je ne souffre plus au milieu de tes cheveux... »

Sans que cela se remarque, Maeterlinck est passé du symbolisme le plus hermétique à un réalisme presque vériste (et l'on comprend mieux en observant ce fait combien la visualisation théâtrale d'un tel ouvrage est complexe).

Pelléas poursuit avec lyrisme :

« Tu entends mes baisers le long de tes cheveux ?...
Ils montent le long de tes cheveux... il faut
que chacun t'en apporte... Tu vois, tu vois, je
puis ouvrir les mains... J'ai les mains libres
et tu ne peux plus m'abandonner... »

Depuis le **saule,** par les **branches** et les **cheveux,** Pelléas s'est uni avec Mélisande. Amené par elle à la « notion d'âme », oubliant tout, il l'enchaîne. Il ouvre les **mains** certain de sa victoire mais la nature du principe masculin ne peut être voilée longtemps. Pelléas a un geste maladroit. Mélisande gémit, heurtée une fois de plus par la brusquerie de l'**Homme :**

« Oh ! oh ! Tu m'as fait mal ! »

Elle qui ne cesse de provoquer inconsciemment, se sent ici

agressée. Comme un bruit d'ailes la cellule de l'**âme** émane de l'orchestre (po 178) précédant l'étonnement de Mélisande :

« Qu'y a-t-il Pelléas ? Qu'est-ce qui vole autour de moi ? »

Pelléas répond :

« Ce sont les colombes qui sortent de la tour...
Je les ai effrayées ; elles s'envolent... »

Mélisande ne ressent pas, tout d'abord, ce que ce vol exprime. Les **colombes** sont symbole de l'Eros sublimé, du dépassement des instincts, de la prédominance de l'esprit.

Pelléas dans ses élans et son ardeur a voulu forcer sa victoire. En meurtrissant Mélisande, il a dépassé la lente progression exigée par elle. Il a, par la fuite des **colombes,** provoqué le retrait de Mélisande. Déjà, il regrette...

Mélisande, ramenée à la réalité, tente de faire comprendre son désarroi :

« Ce sont mes colombes. Allons-nous en,
laisse-moi ; elles ne reviendraient plus... »

Pelléas interdit ne comprend pas :

« Pourquoi ne reviendraient-elles plus ? »

Mélisande préfère rester seule pour retrouver en elle l'harmonie des premiers élans :

« Elles se perdront dans l'obcurité...
Laisse-moi ! »

La cellule de l'**âme** s'envole encore une fois de l'orchestre...

Elle a peur :

« Laisse-moi relever la tête... J'entends un
bruit de pas... Laisse-moi ! »

Elle veut abandonner cette position soumise. Le charme s'est rompu parce que le principe masculin a voulu imposer sa force. Mélisande devine, prolongeant la maladresse de Pelléas, la présence d'une maladresse plus menaçante encore :

« C'est Golaud !... je crois que c'est Golaud !...
il nous a entendus... »

Pelléas essaye vainement de libérer Mélisande :

« Attends ! Attends !
Tes cheveux sont autour des branches...
Ils se sont accrochés dans l'obscurité...
attends ! attends !... »

Cette chevelure les enchaîne au même destin et Pelléas décontenancé ne rencontre plus que le vide devant ses angoisses revenues... :

« Il fait noir... »

Golaud entre (observait-il les deux jeunes gens depuis l'envol des colombes ?) Sa question banale masque le trouble qui ne le quitte plus. Il a trop peu vu des jeux de Pelléas et Mélisande pour avoir des certitudes mais la peur sans fin qui l'étreint depuis la perte de l'anneau l'incline aux soupçons, prélude à la jalousie :

« Que faites-vous ici ?... »

Pelléas ne peut que répondre car il ne sait pas mentir :

« Ce que je fais ici ?... Je... »

Sans attendre plus Golaud se rengorge avec supériorité :

« Vous êtes des enfants... »

Il avertit les jeunes gens qu'ils ne savent pas reconnaître les pièges de la destinée et doivent respect et obéissance à ceux qui sont plus avancés dans le chemin de la vie. Il réaffirme sa domination en donnant un ordre :

« Mélisande, ne te penche pas ainsi à la fenêtre,
tu vas tomber... »

La raison logique lui fait réaliser ce qu'il a provoqué en confiant Mélisande à Pelléas.

Il constate :

« Vous ne savez pas qu'il est tard ?
Il est près de minuit. »

Minuit est le symbole du moment où la confusion des esprits est la plus grande puisque deux cycles se chevauchent. Golaud essaye de se faire entendre :

« Ne jouez pas ainsi dans l'obscurité.
Vous êtes des enfants... Quels enfants !...
Quels enfants ! »

Son insistance montre bien comment il se sait entraîné par des forces impitoyables.

La cellule de la **matière** s'exprime douloureusement (po 183). La cellule de l'**âme** s'élève dépassant la **matière** (po 184). Les cellules de l'**idéal** et de l'**âme** mêlées sont agressées par la préparation d'une cellule nouvelle (po 185) qui sera attribuée aux souterrains et s'attachera aux **Menées inconscientes** (C 19 – po 187), cellule déjà ébauchée au deuxième tableau, « nous ne savons pas ce que le retour de ton frère nous prépare... » (po 42) et proche de la cellule de l'**enchaînement du destin** (po 24).

Les accords entendus déjà plusieurs fois (voir C 15) et qui marquent la **présence du destin** préparent l'entrée de Golaud et de Pelléas (po 187-188) et hacheront toute la scène suivante avec la cellule des **menées inconscientes**, torturée.

ACTE III

SCÈNE 2 - Les souterrains du château (po 187)

Golaud paraît le premier, suivi de Pelléas. Il porte une **lanterne,** symbole d'illumination de l'esprit car il veut amener Pelléas à s'interroger. Lorsque Pelléas et Mélisande ont fait une instrospection semblable pour leur compte, c'était dans une **grotte** symbole de l'inconscient par les profondeurs de la nature.

Golaud se voulant esprit évolué, transformé par l'expérience, entraine Pelléas en un lieu non plus naturel mais conquis par l'homme dans le sein de la terre et où celui-ci croit avoir emprisonné les forces les plus terrifiantes :

« *Prenez garde ; par ici, par ici* »

Golaud interroge :

« *Vous n'avez jamais pénétré dans ces souterrains ?* »

Pelléas a-t-il déjà analysé son âme à la lumière de la raison humaine ?...

Pelléas avoue avoir été tenté par cette exploration, mais ne s'engage pas :

« *Si, une fois ; dans le temps ; mais il y*
a longtemps... »

Golaud ne prend pas garde à ce fugitif et significatif passage. Il montre à son frère les maléfices terrifiants qui dorment sous Allemonde et le menacent :

« *Eh bien, voici l'eau stagnante dont je vous*
parlais... Sentez-vous l'odeur de mort qui
monte ? Allons jusqu'au bout de ce rocher
qui surplombe et penchez-vous un peu ; elle
viendra vous frapper au visage. Penchez-vous ;
n'ayez pas peur... »

L'**eau stagnante** est symbole du plasma de la terre d'où naît la matière et aussi symbole de destruction pour celui qui rejette la sagesse.

Golaud souligne les abîmes entr'ouverts devant Pelléas en plaçant ce dernier devant les voies où il s'engage. L'odeur de **mort** qui monte n'est que trop réelle : si Pelléas va jusqu'au bout de la route qui le conduit à Mélisande, la jalousie de Golaud débouchera sur les gestes les plus définitifs.

Mais Golaud lui propose son appui dans l'épreuve :

« Je vous tiendrai, donnez-moi... Non, non.
pas la main... Elle pourrait glisser... le bras »

Il refuse de prendre la **main,** symbole de confiance pour préférer étreindre le **bras,** symbole qui assure sa domination. en ces instants il veut exprimer son droit absolu :

« Voyez-vous le gouffre, Pelléas ? Pelléas ? »

La menace est si précise que Pelléas ne peut plus ignorer jusqu'où l'entraîneront ses élans :

« Oui, je crois que je vois le fond du gouffre ! »

Dans sa violence contenue Golaud laisse trembler son bras. La lueur qui éclaire les précipices ouverts devant Pelléas vacille :

« Est-ce la lumière qui tremble ainsi ? »

Les leçons de Golaud ne peuvent apporter qu'une clarté diffuse sur les ombres qu'elles devraient dissiper.

Pelléas se redresse :

« Vous... »

Il met presque en accusation Golaud. Celui-ci dissimule son trouble, redevient maître de lui... trouve une explication plausible... :

« Oui, c'est la lanterne... Voyez, je l'agitais...
pour... éclairer les parois... »

Pelléas se dégage, s'éloigne des miasmes d'Allemonde qu'il ne voudra plus jamais approcher... :

« J'étouffe ici... Sortons. »

Golaud répond :

« Oui, sortons »

Ils partent tous deux en silence...

En une véritable alchimie sonore que traverse seule la **présence du destin,** l'orchestre renaît à la lumière (po 193 à 200).

———————

ACTE III

SCÈNE 3 – Une terrasse au sortir des souterrains (po 198)

Pelléas rejette les avertissement présentés par Golaud dont il veut ignorer la souffrance. Il rejoint inconsciemment la conduite de Mélisande :

> *« Ah ! je respire enfin !... J'ai cru, un instant,*
> *que j'allais me trouver mal dans ces énormes*
> *grottes ; j'ai été sur le point de tomber...*
> *Il y a là un air humide et lourd comme une*
> *rosée de plomb, et des ténèbres épaisses comme*
> *une pâte empoisonnée... »*

Il compare cette atmosphère épouvantable, issue d'Allemonde, à la pureté qui s'offre à lui :

> *« Et maintenant tout l'air de toute la mer !... »*

et la cellule du **destin** est présente (po 201).

Il proclame les élans qu'il ne peut réprimer et qui bouleversent tout. Il exprime avec une poésie incomparable sa conviction de voir en chaque signe s'offrant à lui la plus intense des manifestations de la vie. (dans ce jardin vu par chacun selon lui-même) :

> *« Il y a un vent frais, voyez, frais comme une*
> *feuille qui vient de s'ouvrir, sur les petites*
> *lames vertes. Tiens, on vient d'arroser les fleurs*
> *au bord de la terrasse et l'odeur de la verdure*
> *et des roses mouillées monte jusqu'ici.*
> *Il doit être près de midi ;*
> *elles sont déjà dans l'ombre de la tour...*
> *Il est midi, j'entends sonner les cloches et*
> *les enfants descendent vers la plage pour se baigner... »*

Pelléas égrène tous les mots aux résonnances évocatrices de fraîcheur, de quiétude et de bonheur. L'**eau**, les **fleurs**, l'**odeur** de la végétation mouillée, **midi** l'heure de la connaissance parfaite, les **cloches** symbole de résurrection et les **enfants** symbole d'innocence, tout concourt à son irrésistible joie.

Au terme de son embrasement Pelléas voit alors Geneviève et Mélisande :

> *« Tiens, voilà notre mère et Mélisande*
> *à une fenêtre de la tour... »*

Golaud regarde, la cellule de l'incertitude précède ses paroles (po 212) :

> *« Oui ; elles se sont réfugiées du*
> *côté de l'ombre. »*

Il constate l'union des deux femmes, sa mère et son épouse, toutes deux protégées par l'**ombre** accueillante. Sa jalousie se réveille à cette image.

Alors sans une hésitation et sans masquer ses pensées, Golaud parle. Il contient ses paroles mais sa mise en garde est nette, sans la précaution des symboles :

« A propos de Mélisande, j'ai entendu ce qui s'est
passé et ce qui s'est dit hier au soir. Je
le sais bien, ce sont là jeux d'enfants ; mais
il ne faut pas que cela se répète. »

La cellule des **menées inconscientes** l'appuie (po 213).

Golaud ordonne à son frère de laisser sa femme en lui révélant :

« Elle est très délicate, et il faut qu'on la
ménage d'autant plus qu'elle sera peut-être
bientôt mère, et la moindre émotion pourrait
amener un malheur. »

Qui sait si cette naissance ne lui est pas un autre motif de jalousie. En dehors de Pelléas, cet **enfant** qui va naître pourrait être aussi le fruit de la première union de Mélisande... Il sera fille d'ailleurs, capable de perpétuer l'espèce mais principe féminin ne pouvant être fécondé que par le principe masculin. Il sera né de la matière brutale. Il est donc symbole même de l'ambiguïté de l'existence. Il témoigne de l'absurde rencontre du mal et de l'innocence. Il est permanence du tragique.

Golaud précise ses soupçons :

« Ce n'est pas la première fois que je remarque
qu'il pourrait y avoir quelque chose entre vous... »

Toutefois, il estime Pelléas capable de revenir à la raison :

« Vous êtes plus âgé qu'elle, il suffira de vous l'avoir dit... »

Puis, retrouvant le ton des convenances d'Allemonde, il ajoute :

« Evitez-la autant que possible ; mais sans
affectation d'ailleurs, sans affectation... »

Pelléas se détourne, sort. A l'heure du choix il lui faudra trancher.

Une cellule nouvelle caractérise le **choix** (C 28 – po 216), la prise de conscience de l'esprit au moment capital. Elle se mêle à la cellule de l'**incertitude** et amène une autre cellule qui suivra Yniold et sera appliquée à l'enfant **averti du destin** (C 21 – po 217).

———

ACTE III

SCÈNE 4 – Devant le château (po 218)

Golaud est seul avec Yniold. Il affecte le calme mais s'abandonne à une immense tristesse. Ici, Maeterlinck et Debussy s'attachent à dépeindre la détresse humaine. Tout le foisonnement symbolique qui précède n'a été tissé que pour mieux situer le drame de l'homme. Les sentiments exprimés par Golaud sont la jalousie, l'amour, la souffrance, le désespoir. Il aura, avec Yniold, le même comportement incompréhensif qu'avec Mélisande.

Yniold, en sensibilité sans cesse éveillée par les forces invisibles, proche du « Moi » collectif, s'exprime naturellement en langage symbolique. Jamais, à aucun moment, il ne s'intègre à la pensée de Golaud. Celui-ci emploie un parler de plus en plus matérialiste ; il ne dépasse plus le stade de la pensée raisonnée soumise aux mouvements primaires. Encore une fois Golaud affirme son incapacité à communiquer avec ceux qui s'écartent de l'immobilisme d'Allemonde.

Golaud va donc maladroitement questionner Yniold et perdre la face aux yeux de son fils en perdant toute retenue. Maeterlinck, ainsi qu'il l'a déjà fait à la scène de l'anneau, monte en parallèle l'incommunicabilité des pensées intuitives et matérialistes pour conclure par l'impossibilité, pour ces dernières, de parvenir à saisir l'invisible.

La cellule des **menées inconscientes** croît tristement puis tourne court (po 218).

Golaud attire son fils :

« Viens, nous allons nous asseoir ici, Yniold ;
Viens sur mes genoux ; »

C'est un geste qui se veut paternel mais Golaud veut aussi affirmer sa force. En effet le **genou** considéré seul est le symbole de l'autorité de l'homme et de sa puissance sociale. Golaud suppute ce qu'il peut découvrir :

« Nous verrons d'ici ce qui se passe dans la forêt. »

Le symbole de la recherche dans la **forêt** est exactement le même que celui exprimé par Golaud au premier tableau. Golaud examine une situation et, ne la comprenant pas, tente de l'amener à son niveau de perception.

Il emploie, vis-à-vis de l'enfant, les images les plus puériles pour gagner sa confiance :

« Je ne te vois plus du tout depuis quelque temps.
Tu m'abandonnes aussi ; tu es toujours chez petite mère... »

Le rythme voisin de la cellule des **menées inconscientes** est à l'orchestre (po 219).

Golaud feint des coïncidences :

« Tiens, nous sommes tout juste assis sous
les fenêtres de petite mère. »

Il se veut attendri :

« Elle fait peut-être sa prière du soir en ce moment... »

Pour arriver très vite à sa seule préoccupation :

« Mais dis-moi, Yniold, elle est souvent
avec ton oncle Pelléas, n'est-ce pas ? »

A l'orchestre naît une cellule qui vient, péremptoire, certifier l'**Innocence de l'Enfant** (C 22 – po 220).

Yniold répond sans ressentir l'ambiguïté de la question ni l'équivoque de sa propre réponse :

« Oui, oui, toujours, petit père quand vous n'êtes pas là. »

Golaud reçoit cette information et tâche de l'interpréter (ainsi plusieurs fois prononcera-t-il ces « Ah ! » qui ne sont que des résurgences de son « moi » intérieur).

« Ah ! tiens, quelqu'un passe avec une lanterne
dans le jardin ! »

Rappelons-le :

La **lanterne** est symbole de l'illumination de l'esprit.

La **jardin** est symbole des états spirituels qui correspondent aux états paradisiaques.

Au-dessous de ces mots s'entend la cellule des **menées inconscientes** (po 220).

Golaud, manifestement, ne se rend pas compte de la valeur de ce qu'il dit. La sagesse reçue s'exprime en lui par des stéréotypes.

A nouveau Golaud provoque Yniold :

« Mais on m'a dit qu'ils ne s'aimaient pas...
Il paraît qu'ils se querellent souvent... Non ? Est-ce vrai ? »

La cellule de l'**enfance** (po 221) réaffirme l'innocence de la réponse d'Yniold :

« Oui, oui, c'est vrai. »

Golaud s'applique à comprendre :

« Oui ? Ah ! Ah ! »

Puis interroge encore :

« Mais à propos de quoi se querellent-ils ? »

Yniold explique :

« *A propos de la porte.* »

Et Golaud s'en stupéfie :

« *Comment ! à propos de la porte !*
Qu'est-ce que tu racontes là ? »

Yniold ne peut rapporter qu'une situation vue, ressentie mais non pénétrée et Golaud ne peut le suivre. C'est un véritable dialogue de sourds qui s'engage. De plus, la jalousie rend Golaud **aveugle.** La **jalousie** n'est-elle pas le symbole des sentiments humains les moins contrôlés.

Yniold parle de la **porte,** symbole du passage entre le connu et l'inconnu, invitation au voyage vers l'au-delà. « La porte ouverte, c'est la transcendance accessible ; la porte fermée, c'est l'interdiction à cette transcendance ». (50).

Yniold précise ce qu'il vient de dire :

« *Parce qu'elle ne peut pas être ouverte.* »

Mélisande et Pelléas ont donc créé des situations où, se cachant de Golaud, ils tentent d'obtenir la fusion spirituelle. Mélisande a pris l'initiative de ces rencontres car « elle sait, alors que Pelléas a toujours les yeux bandés par l'illusion » (51) mais cette porte qu'elle veut franchir en compagnie de Pelléas ne peut être encore dépassée par ce dernier. Leur **querelle** est symbole de divergence dans leur degré de perception.

Golaud ne saisit pas :

« *Qui ne veut pas qu'elle soit ouverte ?*
Voyons pourquoi se querellent-ils ? »

La cellule des **menées inconscientes** accompagne ces phrases (po 222).

Yniold répond encore par un symbole :

« *Je ne sais pas, petit père, à propos de la lumière.* »

Cette **lumière** qui enseigne Mélisande plus vite que Pelléas.

Golaud manifeste toujours son incompréhension :

« *Je ne te parle pas de la lumière ;*
je te parle de la porte. »

Il brutalise l'enfant :

« *Ne mets pas ainsi la main dans la bouche... Voyons...* »

En formant une fois de plus les réactions de Golaud dans le même moule, Maeterlinck montre à quelles extrémités aboutit la pensée matérialiste lorsqu'elle veut imposer à toute force sa volonté.

Soutenu par la cellule des **avertis du destin** (po 223-224-225) Yniold se protège et se réfugie dans les·**pleurs,** révélation des tourments de l'âme :

« Petit père ! petit père !... Je ne le ferai plus... »

Golaud s'énerve :

« Voyons ; pourquoi pleures-tu maintenant ?
Qu'est-il arrivé ! »

L'enfant se plaint :

« Oh, oh, petit père !... Vous m'avez fait mal ! »

Golaud minimise son geste :

« Je t'ai fait mal ? Où t'ai-je fait mal ? C'est sans le vouloir... »

Yniold reproche :

« Ici, ici, à mon petit bras... »

Golaud propose alors une compensation :

« C'est sans le vouloir ; voyons, ne pleure plus ;
je te donnerai quelque chose demain. »

Yniold manifeste une suspicion typiquement enfantine :

« Quoi, petit père ? »

Il accepte « l'idée », l'adopte mais évalue ce que sera vraiment la réalisation de cette proposition (le troc est à la base de la société des enfants).

Ici Golaud place Yniold, sans s'en rendre compte, dans une position forte... Il promet :

« Un carquois et des flèches. »

et s'en revient à ses tourments :

« Mais dis-moi ce que tu sais de la porte. »

Yniold ne répond pas car il détient une information que Golaud veut apprendre et va faire de la surenchère :

« De grandes flèches ? »

La cellule d'Yniold devient frémissante révélant la fébrilité de l'enfant (po 225).

Golaud accepte :

« Oui, de très grandes flèches. »

Le troc achevé, l'enfant se calme, émerveillé. Il imagine ce qu'il fera de ce don.

Golaud reprend son interrogation :

« *Mais pourquoi ne veulent-ils pas que la porte soit ouverte ? »*

Il s'emporte de ne rien recevoir en échange de son offre :

« *Voyons, réponds-moi à la fin ! »*

Les objets proposés par Golaud cachent une signification. En effet il promet un **carquois** et des **flèches** mais ne parle pas de l'**arc**. Or celui-ci est le symbole de la tension d'où jaillissent les désirs. Il est donc lié à l'inconscient. Le **carquois**, l'**arc** et les **flèches** réunis sont symbole de la sublimation des désirs. La **flèche** est le symbole du dépassement des conditions normales. Elle affranchit des espaces. Elle est conquête d'un bien hors d'atteinte. Elle est destin et mort. Déviée de son sens réel elle devient le symbole des blessures de l'amour et, avec le carquois et l'arc, l'instrument d'Eros. La **flèche** indique donc un aboutissement mais elle dépend de la sûreté et de la valeur de celui qui la lance ; elle est donc projection de l'archer et n'est rien sans l'**arc**.

Golaud laisse incertaine la présence de l'**arc**. Il propose à Yniold un ensemble privé d'efficacité. Il y a tromperie de sa part. De plus en ne donnant pas l'**arc**, il pourra peut-être se retrancher derrière la crainte d'un danger. Ainsi entend-il garder sur toute chose sa domination.

Yniold est au bord des larmes. Golaud veut être rassurant :

« *Non, non n'ouvre pas la bouche pour pleurer.*
Je ne suis pas fâché

Il presse l'enfant de questions :

« *De quoi parlent-ils quand ils sont ensemble ? »*

La cellule des **menées inconscientes** est là (po 227).

Yniold ne comprend pas :

« *Pelléas et petite mère ? »*

Golaud le presse :

« *Oui ; de quoi parlent-ils ? »*

Yniold avoue de façon déconcertante :

« *De moi, toujours de moi »*

Golaud s'en étonne :

« *Et que disent-ils de toi ? »*

Yniold précise :

« *Ils disent que je serai très grand. »*

Ces mots sont révélateurs. L'enfant est observé par Pelléas et Mélisande. Encore à l'état d'innocence, il témoigne malgré lui. En l'observant, Pelléas et Mélisande essaient de trouver des réponses à leurs angoisses métaphysiques. S'il s'affirme être un « géant », cet enfant perdra ses pouvoirs intuitifs et Allemonde sera prolongée. Yniold, choisi par le destin, manifeste sa propre angoisse en parlant ainsi.

Golaud dérouté par cette réponse, laisse éclater sa peine :

« Ah ! misère de ma vie ! »

La cellule de l'**âme** culmine à l'orchestre (po 228).

Golaud constate avec désespoir son impossibilité de cerner la vérité. Il oppose en deux images saisissantes sa solitude impuissante et l'immensité de ce qu'il voudrait connaître :

« Je suis ici comme un aveugle qui cherche son
trésor au fond de l'océan !... Je suis ici
comme un nouveau-né perdu dans la forêt »

Novalis ne disait-il pas : « Nous sommes des aveugles qui jouons avec des pierreries. Il faut choisir ; rejeter les pierreries fausses et révéler les pierreries secrètes ».

Golaud profère une menace :

« et vous... ! »

Pourtant, il se force au calme et s'en revient à Yniold :

« Mais voyons, Yniold, j'étais distrait ;
nous allons causer sérieusement. »

Ainsi, il reprend vis-à-vis d'Yniold le jeu déjà pratiqué mais, cette fois, il va adopter une autre tactique. Comme le font les enfants en pareil cas, il « efface tout » pour « recommencer ». Il se justifie par une distraction et prétend que jusqu'alors, le jeu n'était pas vrai. Il ne parle plus directement des relations de Pelléas et de Mélisande mais les évoque par un biais. En se plaçant lui-même dans le jeu il espère parvenir à un indice révélateur :

« Pelléas et petite mère ne parlent-ils jamais
de moi quand je ne suis pas là !... »

Sur un fragment de la cellule des avertis (po 230) Yniold répond par l'affirmative :

« Si, si petit père »

Golaud accueille cette réponse avec avidité :

« Ah !... Et que disent-ils de moi ? »

Yniold rapproche sa réponse de celle faite plus avant lorsqu'il disait que Pelléas et Mélisande parlaient toujours de lui :

« Ils disent que je deviendrai aussi grand que vous »

Cette fois encore, Pelléas et Mélisande ont le pressentiment du changement impitoyable qu'amène, pour Yniold, le déroulement de la vie. De cet être instinctif, que restera-t-il passée l'adolescence ? un homme prisonnier de lui-même ?

Golaud emporté par la jalousie, abandonne le jeu proposé pour s'en revenir aux questions précises :

« Tu es toujours près d'eux ? »

« Oui, oui, toujours petit père »

répond Yniold, sans malice.

Golaud insiste :

« Ils ne te disent jamais d'aller jouer ailleurs ? »

ce à quoi l'enfant répond toujours avec la même netteté :

« Non, petit père, ils ont peur quand je ne suis pas là. »

Golaud se saisit de ces derniers mots et cherche à y trouver un sens :

« Ils ont peur ?... A quoi vois-tu qu'ils ont peur ? »

Yniold, étreint d'une angoisse insurmontable, précise ce qu'il a observé :

« Ils pleurent toujours dans l'obscurité. »

Oui, Pelléas et Mélisande vivent dans la peine l'accomplissement de leur destin. Leur amour non encore révélé mais déjà coupable aux yeux de la société, les tient retranchés du bonheur.

Golaud marque toujours son attention :

« Ah ! Ah ! »

L'exposition d'une cellule nouvelle se fait, la **Souffrance** (C 14), qui s'exprimera entière po 236.

Cependant, Yniold dit à voix haute ce qu'il ressent exister entre Pelléas et Mélisande sans pouvoir le définir :

« Cela fait pleurer aussi... »

Golaud balbutie :

« Oui, oui ! »

Et c'est l'approche de la mort de Mélisande qu'Yniold pressent :

« Elle est pâle, petit père ! »

Golaud se méprend sur ces paroles. Alors que l'enfant témoigne d'angoisse spirituelles, il ne voit, lui, que des preuves de désirs charnels :

« Ah ! Ah !... patience, mon Dieu, patience... »

Yniold ne comprend pas :

« Quoi, petit père ? »

Golaud se domine :

« *Rien, rien, mon enfant. J'ai vu passer*
un loup dans la forêt. »

Le **loup** évoque ici les désirs cruels, la concupiscence. L'hallucination issue de sa jalousie conduit Golaud à mettre son âme à nu devant son fils :

« *Il s'embrassent quelquefois ? Non ?... * »

Il n'y a « plus de jeu ». Golaud veut se faire un complice de l'enfant. Sa prétendue supériorité d'adulte n'est plus rien... Yniold lui répond d'abord par la négative :

« *Qu'ils s'embrassent, petit père ? Non, non.* »

puis se souvient :

« *Ah ! si, petit père, si, une fois...*
une fois qu'il pleuvait... »

La **pluie** est symbole universel des influences célestes tombant du ciel. C'est la fertilité de l'esprit, la lumière. Mélisande a dû embrasser Pelléas d'un baiser furtif, à peine, alors que les signes du ciel la poussaient irrésistiblement. Golaud va tout de suite aux plus extrêmes suppositions :

« *Ils se sont embrassés ? Mais comment,*
comment, se sont-ils embrassés ? »

Yniold, comme un jeu, refait le geste bref de Mélisande :

« *Comme ça, petit père, comme ça.* »

Une douleur immense s'exprime à l'orchestre (po 235). Yniold, terriblement, souligne pour Golaud tout ce qui le sépare des jeunes êtres qu'il soupçonne :

« *Ah ! Ah ! votre barbe, petit père !... elle pique,*
elle pique ! Elle devient toute grise, petit
père, et vos cheveux aussi, tout gris, tout
gris. »

Il dit tous les symboles des espaces existants et la cellule de la **Souffrance** s'exprime en sa totalité (C 14 – po 236).

A ce moment la fenêtre sous laquelle ils sont assis s'éclaire. Yniold s'en aperçoit :

« *Ah ! Ah ! petite mère a allumé sa lampe.*
Il fait clair, petit père ; il fait clair... »

A cette **clarté** révélatrice, symbole de pureté pour l'enfant, Golaud n'accorde pas le même sens. Acharné à trouver les preuves de son infortune il voit en cette **lumière** une lueur dissipant l'obcurité de sa propre situation :

« *Oui, il commence à faire clair.* »

Yniold demande à Golaud de l'amener ver la **clarté.** Impulsivement il voudrait aller où se trouve Mélisande :

« *Allons-y aussi, petit père ; allons-y aussi...* »

Golaud freine cet élan :

« *Où veux-tu aller ?* »

Yniold s'enthousiasme :

« *Où il fait clair, petit père* »

La cellule des **menées inconscientes,** torturée, par deux fois, appuie ces paroles (po 239).

Golaud retient Yniold :

« *Non, non, mon enfant ; restons encore*
un peu dans l'ombre... On ne sait pas,
on ne sait pas encore... »

Il recule l'affrontement décisif. Avec une sorte de délectation morose, de masochisme même, il repousse l'instant de la vérité. Il veut obtenir les preuves irréfutables de son infortune et provoque encore Yniold :

« *Je crois que Pelléas est fou...* »

Il cherche à rabaisser Pelléas mais Yniold n'est pas sensible à cette mesquinerie. Il rétablit la vérité :

« *Non, petit père, il n'est pas fou,*
mais il est très bon. »

Golaud n'insiste pas et puisqu'il a décidé de faire d'Yniold son espion, il poursuit en abandonnant le prétexte de Pelléas. Il s'attache à Mélisande :

« *Veux-tu voir petite mère ?* »

La joie de l'enfant se manifeste. Il retrouve la clarté :

« *Oui, oui, je veux la voir !* »

Golaud propose ses services et fait ses recommandations :

« *Ne fais pas de bruit ; je vais te hisser*
jusqu'à la fenêtre, elle est trop haute
pour moi, bien que je sois si grand... »

En parlant ainsi Golaud établit le symbole de l'**aide constante** dont ses actes ont besoin. Sans les yeux de l'enfance il n'accédera pas à la révélation. A chaque instant, lui qui impose sa volonté arbitraire, sollicite l'assistance et la compréhension.

Alors sur des rythmes oppressants et des embryons de cellules qui se poursuivront longtemps (po 240) commence la terrible scène où

Golaud veut obtenir la constatation de son malheur. Par faiblesse il n'hésite pas à meurtrir l'enfant innocent pour arriver à ses fins. Il ne veut pas être découvert prétextant une frayeur possible de Mélisande :

« Ne fais pas le moindre bruit : petite mère aurait
terriblement peur... La vois-tu ? est-elle dans la chambre ? »

Mais lorsque Yniold porté par Golaud s'écrie :

« Oui... Oh ! il fait clair ! »

le jaloux reprend :

« Elle est seule ? »

Yniold dévoile la présence de Pelléas après avoir hésité :

« Oui... Non, non ! mon oncle Pelléas
y est aussi »

Golaud d'un mouvement brutal manifeste sa violence :

« Il... »

Yniold proteste :

« Ah ! Ah ! petit père vous m'avez fait mal ! »

Golaud n'en a cure, il ordonne le silence alors que lui seul parle :

« Ce n'est rien ; tais-toi ;
je ne le ferai plus ; »

Il veut savoir :

« Regarde, regarde, Yniold !... »

il perd l'équilibre (symbole de son délire) :

« J'ai trébuché. »

Il se raccroche :

« Parle plus bas. Que font-ils ? »

Yniold répond naïvement :

« Ils ne font rien, petit père »

Golaud veut savoir :

« Sont-ils près l'un de l'autre ?
Est-ce qu'ils parlent ? »

Yniold lui répond par ce qu'il voit :

« Non, petit père ; ils ne parlent pas »

Golaud s'emporte :

« Mais que font-ils ? »

Yniold révèle :

« *Ils regardent la lumière.* »

Golaud s'étonne :

« *Tous les deux ?* »

Yniold confirme :

« *Oui, petit père* »

Golaud est incrédule :

« *Ils ne disent rien ?* »

Yniold confirme encore :

« *Non, petit père ;* »

et il précise :

« *Ils ne ferment pas les yeux.* »

Ainsi Yniold, renouant avec ce qu'il disait au début de la scène en indiquant les attitudes de Pelléas et de Mélisande replace ceux-ci dans leur recherche éperdue d'eux-mêmes. Témoin averti par le destin, il apprend à Golaud, qui ne comprend pas, les silences des deux jeunes gens. Pelléas et Mélisande posent leurs regards sur la vérité de leur amour et leur mutisme est plus éloquent que les mots (52).

Golaud ne se contient plus :

« *Ils ne s'approchent pas l'un de l'autre ?* »

Yniold crie :

« *Non, petit père, ils ne ferment jamais les yeux...* »

et semble pris d'une épouvante sans nom, comme devant une vision terrifiante. Il ressent, pour la deuxième fois, la présence de la mort :

« *J'ai terriblement peur !* »

Golaud s'emporte, veut forcer l'enfant :

« *De quoi donc as-tu peur ?*
Regarde ! Regarde ! »

Yniold ne peut retenir ses cris :

« *Petit père, laissez-moi descendre !* »

Golaud hurle :

« *Regarde !* »

Yniold implore :

« *Oh ! je vais crier, petit père !*
Laissez-moi descendre ! laissez-moi descendre ! »

La jalousie, la douleur, le désespoir se heurtent à l'innocence comme à l'amour. Alors Golaud entraîne Yniold :

« Viens ! »

et ce « viens » jeté à l'enfant est à la fois constat d'échec et rage devant l'incertitude. Il laisse entendre la volonté farouche de poursuivre une recherche désespérée. L'orchestre s'emporte jusqu'à l'insoutenable pour achever une scène à la mesure de la désespérance humaine.

ACTE IV

SCÈNE 1 – Un appartement dans le château (po 252)

Dès l'introduction, l'orchestre « animé et agité » décrit le bouleversement moral du château d'Allemonde. Sur la palpitation des cordes, la cellule maîtresse qui unit **matière, raison, conscient, inconscient** et **désirs** se heurte à la cellule des **tensions idéalistes**. Les rythmes du **destin** s'allongent en longues plaintes (po 252-253).

A CE POINT DE L'OUVRAGE

Mélisande poussée par des forces irrépressibles a stimulé l'amour de Pelléas et pressent le dénouement tragique de cette passion.

Pelléas d'abord entraîné vers Mélisande par un élan de l'âme en est devenu dépendant alors qu'il s'en voulait guide. Placé sans ambiguïté par Golaud devant le sentiment qu'il porte en lui, il prend enfin conscience de son amour et accepte de partir pour ne pas s'y abandonner. A ce moment, Pelléas n'a pas encore compris que Mélisande l'aime, il se croit seul coupable de cette inclination dangereuse.

Golaud dominé par la jalousie s'éloigne de plus en plus des qualités de la raison. Il s'abandonne aux réactions les plus incontrôlées de la nature humaine en s'écartant de la compréhension spirituelle et des interrogations philosophiques.

Arkel le médecin, Geneviève, témoins de ce qu'ils pensent être des élans juvéniles chez Pelléas, jugent cette situation de par leur raison expérimentale et veulent y trouver une issue convenant à la Société d'Allemonde sans provoquer de ruptures graves.

Le Père, malade au début du drame, près de mourir (donc au seuil de la connaissance) est en voie de **guérison.** Cette amélioration qui l'éloigne des mystères de l'au-delà et de la plénitude spirituelle est symbole de l'équilibre renaissant pour Allemonde. Allemonde, altérée par la présence de Mélisande (l'Intuition) tente d'absorber celle-ci et conseille à Pelléas (élément atteint par l'émotion) de **voyager** (symbole de la recherche de soi-même) de **s'éloigner** (symbole de la fuite devant les responsabilités).

Yniold, averti par les mystérieux enseignements reçus du plus profond de lui-même, pressent l'inéluctable aboutissement des événements et vit dans une angoisse permanente.

Pelléas et Mélisande courent l'un vers l'autre poussés par un emportement irrésistible.

Pelléas interroge :

« *Où vas-tu ?* »

semblant redouter la direction des pas de Mélisande ; puis sans attendre la réponse, il fait état de son impatience :

« *Il faut que je te parle ce soir. Te verrai-je ?* »

Sans hésitation, Mélisande accepte :

« *Oui.* »

Au début de cette scène, il faut noter à l'orchestre les motifs qui vont en hâter le cours et marquer ainsi la précipitation des événements, motifs qui se mêlent à la cellule de l'**enchaînement des forces** (po 254-255).

Pelléas commence le récit des conseil donnés par son père :

« *Je sors de la chambre de mon père. Il va mieux.*
Le médecin nous a dit qu'il était sauvé... »

Dans le lieu clos de la réflexion, **la chambre, le médecin,** guide spirituel et **le père,** symbole propitiatoire des troubles d'Allemonde, ont trouvé un début d'apaisement.

Pelléas poursuit :

« *Il m'a reconnu. Il m'a pris la main et*
il m'a dit de cet air étrange qu'il a depuis
qu'il est malade : Est-ce toi, Pelléas ?
Tiens, je ne l'avais jamais remarqué,
mais tu as le visage grave et amical de ceux
qui ne vivront pas longtemps... il faut voyager ; il faut voyager... »

Le père après avoir « **reconnu** » Pelléas, c'est-à-dire pouvant de nouveau entrer en relation avec son fils, lui a « **pris la main** » manifestation de communication et l'a averti d'une sensation perçue aux portes de la mort d'où il revient.

Le **voyage** est symbole de recherche de la vérité, il est toujours lié à l'amélioration mais cette recherche peut être déformée en une fuite pour ne pas accepter la connaissance de soi-même.

La cellule musicale de l'**idéal** révèle la « notion d'âme » entrevue alors (po 256). Avec gêne, Pelléas avoue qu'il va obéir à son père. En s'inclinant devant ce qu'il croit être son destin, et l'aveu de son amour une fois fait à Mélisande, Pelléas pense naïvement que les jours d'Allemonde retrouveront leur paix :

« *C'est étrange. Je vais lui obéir...*
ma mère l'écoutait et pleurait de joie. »

Il prend à témoin Mélisande comme pour trouver auprès d'elle un appui en cette décision qui lui coûte :

« Tu ne t'en es pas aperçue ?
Toute la maison semble déjà revivre.
On entend respirer, on entend marcher... »

Il ne soupçonne pas ce que ce bonheur apparent dissimule. Il ne se demande pas si les pleurs de sa mère sont bien des pleurs de joie et non des larmes d'appréhension.

Il s'interrompt :

« Ecoute ; j'entends parler derrière cette porte. »

et presse Mélisande de lui dire où ils se rencontreront :

« Vite, vite, réponds vite, où te verrai-je ? »

Les bruits de voix entendus sont ici symbole de ce qui les menace (voir analyse du texte de Maeterlinck, infra). Mélisande, une fois de plus, questionne Pelléas :

« Où veux-tu ? »

Il est intéressant de rappeler combien Mélisande présente de diversité dans sa manière de s'exprimer. Prolixe et précise lorsqu'elle veut se faire comprendre, insinuatrice et provocatrice pour amener les autres à suivre les chemins qu'elle emprunte, elle s'exprime par mots brefs lorsqu'elle écoute et juge une situation. Ainsi, aucune intervention de sa part ne lui apporte une distraction ou une interprétation erronée de l'instant vécu. Elle est toujours attentive aux signes du destin, donc aux paroles entendues.

Cependant que la cellule de l'**enseignement** reparaît, laconique, (po 258) Pelléas donne rendez-vous à Mélisande :

« Dans le parc, près de la fontaine des aveugles ?
Veux-tu ? Viendras-tu ? »

Donc auprès de cette source révélatrice où la jeune femme a abandonné les voies proposées par Golaud ; en un lieu où lui-même, Pelléas, a ressenti pour la seconde fois l'appel de Mélisande.

Mélisande répond, encore une fois, brièvement :

« Oui. »

Pelléas insiste comme s'il craignait de ne pas s'être fait comprendre :

« Ce sera le dernier soir ; je vais voyager
comme mon père me l'a dit. Tu ne me verras plus. »

Pelléas se méprend sur le silence de Mélisande. Celle-ci se trouve en attitude interrogative. Connaissant son propre amour, certaine de l'amour de Pelléas, elle attend le moment des aveux qui précèdera le drame. Depuis la descente à la **grotte,** Mélisande sait.

Alors, sortant de son mutisme, elle reprend Pelléas doucement :

« *Ne dis pas cela, Pelléas... je te verrai*
toujours ; je te regarderai toujours... »

Que sont la mort ou la séparation pour Mélisande, marquée par le sort, abandonnée à la destinée ?

Sa rencontre avec Pelléas est l'aboutissement de sa quête envers l'idéal, le but enfin trouvé après une recherche commencée bien avant la première rencontre avec Golaud. Le reste n'est plus qu'enchaînement du temps. Même si Pelléas n'était plus là, Mélisande saurait que ses interrogations avaient une réponse. Elle le « regarderait toujours » en esprit.

A ces paroles Pelléas témoigne d'une brusque frayeur :

« *Tu auras beau regarder... je serai si loin*
que tu ne pourras plus me voir... »

C'est la plainte désespérée d'une vie qui ne veut pas être anéantie au seuil du bonheur. A l'orchestre les accents déjà souvent entendus rappellent les fils des destinées tissés à ce moment (po 260). Et Mélisande s'inquiète. Sa question :

« *Qu'est-il arrivé, Pelléas ?* »

s'applique sans équivoque à ce qui s'est passé entre Pelléas et les « autres » d'Allemonde. Mais sa constatation angoissée :

« *je ne comprends plus ce que tu dis.* »

fait part de la crainte soudaine de s'être trompée. En doutant tout à coup de l'amour de Pelléas, c'est l'anxiété d'une amoureuse qui s'exprime. Cette petite phrase est dans l'ouvrage un instant capital, le témoignage de l'épreuve subie alors par Mélisande. Cette épreuve qui ira se prolongeant, d'abord avec Arkel puis avec Golaud pour ne s'achever qu'à l'aveu de Pelléas « je t'aime ». La pulsion des cordes reparaît à l'orchestre (po 260) bientôt suivie par les cellules évocatrices de la matière qui menacent toujours (po 261).

Pelléas s'embarrasse :

« *Va-t'en, séparons-nous. J'entends*
parler derrière cette porte. »

puis, brusquement, quitte lui-même Mélisande, et sort.

La tension est extraordinaire et demeure. A partir de cet instant Pelléas et Mélisande vivent dans la seule attente des instants qui leur apporteront la suprême connaissance de leur amour partagé ou non.

Rappelons en effet que Pelléas ne sait pas que Mélisande l'aime et se croit seul coupable tandis que Mélisande, qui aime Pelléas, n'est plus certaine de voir ce dernier l'aimer aussi.

Ce sont donc des moments d'angoisse effroyable que vont vivre les deux jeunes gens.

La cellule de la **sagesse expérimentale** se fait entendre par deux fois, contrariée par l'impitoyable battement des cordes puis reparaît une troisième fois dominée par la cellule de l'**énigme de l'âme** qui apaise l'orchestre.

ACTE IV

SCÈNE 2 – (po 262)

Arkel entre.

Ses premières paroles prolongent le récit fait par Pelléas. Sans conteste, tout se joue autour de cette chambre où git celui qu'on ne verra jamais :

*« Maintenant que le père de Pelléas est sauvé et que
la maladie, la vieille servante de la mort,
a quitté le château, un peu de joie et un peu de soleil
vont enfin rentrer dans la maison... »*

La **maison** symbole d'intimité, de foyer et d'union s'oppose au **château** symbole de l'autorité.

Mélisande écoute, attentive mais l'esprit ailleurs tourné vers Pelléas. Arkel se réjouit :

*« Il était temps ! Car depuis ta venue,
on n'a vécu ici qu'en chuchotant autour
d'une porte fermée... »*

Un instant menacée par la cellule de la **matière**, la cellule attachée à l'**âme** s'exprime à nouveau sous les phrases du vieillard (po 265).

Arkel poursuit :

*« Et vraiment, j'avais pitié de toi, Mélisande...
Je t'observais, tu étais là, insouciante peut-être,
mais avec l'air étrange et égaré de quelqu'un
qui attendrait toujours un grand malheur,
au soleil dans un beau jardin... »*

123

Les observations d'Arkel ne sont pas entièrement fausses. Il a remarqué l'attitude de Mélisande cherchant à s'évader de la voie imposée par Golaud ; mais il s'est mépris et ce qu'il nomme malheur, dans son raisonnement, se trouve bonheur dans celui de Mélisande. Aussi, troublé par le comportement de la jeune femme, symbolise-t-il l'étrangeté de ce qu'il a vu par la recherche de ce « grand malheur au soleil » et « dans un beau jardin ». **Soleil** et **jardin,** symboles de révélation et de paix. Arkel avoue son impuissance à trouver les raisons qui lui feraient comprendre l'attitude de Mélisande :

« *Je ne puis pas expliquer... »*

Il regrette :

« *mais j'étais triste de te voir*
ainsi car tu es trop jeune et trop belle
pour vivre déjà jour et nuit sous l'haleine de la mort... »

Il ne soupçonne pas d'où vient la menace qu'il sent rôder autour de Mélisande.

Soudain la cellule de l'**incertitude** se fait entendre et prolonge par deux fois les paroles d'Arkel (po 267-268).

Celui-ci se complaît à montrer le fruit de son expérience :

« *Mais à présent tout cela va changer. A mon âge,*
et c'est peut-être là le fruit le plus sûr
de ma vie, à mon âge j'ai acquis je ne sais
quelle foi à la fidélité des événements,
et j'ai toujours vu que tout être jeune et beau
créait autour de lui des événements jeunes, beaux et heureux... »

Les cellules de l'**incertitude** et de l'**âme** s'opposent (po 270). Arkel prophétise, fait miroiter à Mélisande la possibilité qu'elle a de régénérer Allemonde :

« *Et c'est toi, maintenant, qui vas ouvrir la porte*
à l'ère nouvelle que j'entrevois... »

Il désire amener Mélisande à coopérer avec lui. Elle peut remplacer le projet de la princesse Ursule. Elle doit devenir l'égale de Geneviève mais cette participation exige une conduite raisonnable, c'est-à-dire l'abandon du jeu tenu avec Pelléas. Arkel croit que l'acceptation de Mélisande sera équilibre d'union pour Golaud comme équilibre fraternel pour Pelléas. Arkel se trompe, au seuil d'une mort qui tarde à venir, à la limite de l'extrême vieillesse, prisonnier d'une expérience désincarnée, il a perdu toute perception de ce qu'est l'Amour Idéal, source de vie et d'absolu.

Presque méprisante la cellule de l'âme domine la cellule de la sagesse expérimentale qui s'essouffle sous elle (po 271). Arkel espère. Il appelle Mélisande lointaine et comme absente. Mélisande dont les pensées sont toujours auprès de Pelléas, Mélisande en proie au doute et, qui sait, peut-être à la jalousie... :

« *Viens ici, pourquoi restes-tu là sans répondre*
et sans lever les yeux ? »

Sur une cellule nouvelle qui semble exprimer la **Nostalgie du temps passé** (C 29 – po 272), il constate :

« *Je ne t'ai embrassée qu'une seule fois jusqu'ici,*
le jour de ta venue ; »

C'est-à-dire n'avoir donné et reçu qu'un seul symbole de ce qui réunit affectivement. Le sage d'Allemonde et l'inconnue n'ont donc jamais vraiment communiqué au-delà de l'apparence des mots.

Arkel tristement confesse :

« *et cependant, les vieillards ont besoin, quelquefois,*
de toucher de leurs lèvres le front d'une femme ou
la joue d'un enfant, pour croire encore à la fraîcheur
de la vie et éloigner un moment les menaces de la mort. »

Arkel avoue sa faiblesse, son incapacité à trouver en lui-même la sérénité. La vieillesse veut reprendre vie à la source de la jeunesse suivant un cycle immuable. Les symboles employés trahissent les limites de la pauvre sagesse.

La cellule de la **nostalgie** semble se faire l'écho de ces désirs séniles.

Arkel ne trouve qu'une faible justification à l'étrangeté de son comportement :

« *As-tu peur de mes vieilles lèvres ?...*
Comme j'avais pitié de toi ces mois-ci... »

et ces phrases sonnent avec tant de gratuité que Mélisande met un voile sur ses propres pensées :

« *Grand-père, je n'étais pas malheureuse... »*

Elle entre en contradiction avec les phrases dites à Golaud dans le passé. Le monde qui est le sien est un monde fermé aux regards des autres et le sage Arkel se comporte alors comme un intrus. D'ailleurs, en esprit, Mélisande n'était pas malheureuse puisqu'elle était avec Pelléas...

Alors que le motif évoquant la **nostalgie** revient à l'orchestre (po 274), ce que dit Arkel est une sorte d'inconsciente déclaration :

« *Laisse-moi te regarder ainsi, de tout près,*
un moment... On a tant besoin de beauté
aux côtés de la mort... »

Que l'âge d'Arkel ait conféré à celui-ci un état qui semble hors du temps n'enlève rien à son désir de trouver en Mélisande l'apport de jouvence que nul en Allemonde ne sait où chercher.

Ainsi, tous sont subjugués par l'inconnue ; Pelléas, Golaud, Yniold, Arkel lui-même, jusqu'au Prince invisible qui revit peu à peu depuis son arrivée... Mais l'existence de chacun se détermine à des degrés divers et les égoïsmes accumulés accélèrent l'issue du drame.

Sous une forme pesante, la cellule de l'**énigme de l'homme** menace les dernières phrases d'Arkel (po 275).

Golaud paraît.

La jalousie a créé en lui de tels désordres qu'il unit dans le même rejet farouche Pelléas et Mélisande. Tout son précaire équilibre, toutes ses aspirations à trouver le bonheur raisonnable sont effacées, balayées d'un coup par l'inattendu du destin. La fatalité s'appesantit sur Allemonde. L'amour recherché à la fois, sous des formes différentes, par Mélisande et par Golaud ; cet amour, de par la jalousie de Golaud qui n'a jamais deviné l'indifférence de Mélisande à son égard, devient équivalent de mort.

L'équivoque est venu du premier geste de confiance de Mélisande. Golaud a voulu y lire l'abandon à sa domination sans réaliser qu'il s'aliénait lui-même à une force intuitive plus subtile et plus grande que sa propre force.

Sa première phrase est de confirmer lui aussi :

« *Pelléas part ce soir.* »

Ainsi, Golaud ajoute son trouble à ceux déjà exprimés par Pelléas et Arkel (même si ce dernier n'a jamais fait allusion au départ de Pelléas au cours de son long monologue). Sans s'aventurer, on peut supposer qu'incapable de dominer seul ses tourments, Golaud s'est confié à Geneviève-médiatrice (ainsi Pelléas, avant l'arrivée de son frère avait-il remis à sa mère la lettre écrite par Golaud afin qu'elle intervienne auprès d'Arkel).

Geneviève a profité de la convalescence de son mari et de la présence du Médecin pour révéler la teneur dramatique de la situation qui couve au château. Le Médecin et le Prince sont tombés d'accord pour suggérer l'éloignement de Pelléas, le jeune homme étant en âge de voir son esprit formé par les **voyages** (symbole de l'illumination spirituelle). Cette solution raisonnable semble la meilleure, la plus humaine et la plus discrète afin de ramener le calme en Allemonde. C'est compter sans la faiblesse et l'orgueil de Golaud atteint non seulement dans ses sentiments mais aussi dans sa vanité. Il repousse désormais tout ce qui lui rappelle son infortune. Il a la conviction de s'être trompé dès l'abord sur Mélisande et sa jalousie atteint un tel paroxysme qu'il ne contrôle plus ni ses actes, ni ses paroles. Trop maladroit pour ruser longtemps, il se réfugie dans les manifestations de la force brutale pour tenter de rétablir sa dignité.

Arkel s'adresse à Golaud en observant :

« *Tu as du sang sur le front.* »

Le **front** étant symbole de clairvoyance et le **sang** symbole de passion, l'allusion est claire : les passions aveuglent Golaud. Arkel lui en demande la raison :

« Qu'as-tu fait ? »

Question où il faut voir une nuance de mise en garde de la part d'Arkel. Golaud répond :

« Rien, rien, j'ai passé au travers d'une haie d'épines. »

L'**épine** est le symbole des obstacles comme de la mortification. Golaud se complait dans une sorte de masochisme qui lui apporte la satisfaction de se vouloir fort et lucide malgré l'épreuve. Mélisande, comme avec effort, (ce sont ses premières paroles depuis « je n'étais pas malheureuse ») dit alors :

« Baissez un peu la tête, seigneur...
je vais essuyer votre front... »

Par ces paroles, sans s'en rendre compte, elle déclenche la violence latente chez Golaud en lui demandant d'abandonner la station droite qui, symboliquement, le carapaçonne. En voulant faire « **baisser la tête** » à son mari pour lui « **essuyer le front** », c'est-à-dire inverser l'ordre des conventions, elle établit à l'égard de Golaud un symbole fait à la fois d'humiliation, de rouerie et de dissimulation perverse. La réaction de Golaud est immédiate et brutale :

« Je ne veux pas que tu me touches,
entends-tu ? Va-t-en ! »

Il refuse toute communication :

« Je ne te parle pas. »

Il demande :

« Où est mon épée ? je venais chercher mon épée... »

La cellule de l'**énigme de l'homme,** de l'esprit-matière, martelle toute cette scène sans répit (po 275-276-277).

L'**épée** est le symbole de la puissance qui peut s'opposer à l'injustice, frapper le coupable et imposer la paix. C'est aussi le symbole du combat pour la conquête de la connaissance. En ces moments où il chancelle, Golaud cherche le secours des armes les plus nobles.

En réponse, Mélisande situe l'épée :

« Ici, sur le prie-Dieu. »

Et le symbole prend une étrange résonance ; en effet, le **prie-Dieu** n'est pas un endroit où l'on dépose habituellement une épée. Mais l'arme des princes-chevaliers est toujours en forme de **croix.** Elle ajoute donc le symbolisme de sa forme au symbolisme du **prie-Dieu,** ce dernier étant soumission de l'homme à la religion révélée. Ce symbole se montre pour la première et unique fois dans l'ouvrage. Allemonde est donc bien placé sous l'emprise de la connaissance imposée. Ses habitants, sauf Pelléas qui mourra de l'audace d'avoir voulu vivre selon lui-même, sont soumis aux manifestations de force qu'ils tentent de se concilier par le dogmatisme en se refusant à toute aventure de l'esprit. **Dieu,** symbole de l'inconnu reste le mur auquel se heurte le rationalisme qui ne peut l'atteindre par la logique déductive cependant que l'intuition permet le dépassement des apparences et s'approche de l'ineffable.

En ce moment, Golaud implore désespérément l'Invisible et, par une sorte de provocation, demande à Mélisande de lui apporter l'arme :

« *Apporte-la.* »

A ce symbolisme s'en oppose un autre :

« *On vient encore de trouver un paysan mort de faim*
le long de la mer. On dirait qu'ils tiennent
tous à mourir sous nos yeux. »

Les deshérités du royaume d'Allemonde, les êtres proches de la nature sont délaissés par ceux qui devraient être leurs guides et leurs soutiens. Abandonnés à eux-mêmes, ils meurent auprès de la source de toute vie : la mer, et sont un muet et constant reproche aux yeux du château (53) (voir la **grotte,** supra).

Golaud redemande, impérieux :

« *Eh bien, mon épée ?* »

La cellule de l'**âme** palpite à l'orchestre (po 278), Golaud fanfaronne, étale une force condescendante :

« *Pourquoi tremblez-vous ainsi ? Je ne vais pas vous tuer.*
Je voulais simplement examiner la lame.
Je n'emploie pas l'épée à ces usages. »

sous-entendant avoir déjà tué, peut-être, et menaçant, par là...

Nous avons vu que la **lame** est le symbole de la connaissance. Cette phrase se relie donc aux symboles précédents.

Golaud apostrophe Mélisande :

« *Pourquoi m'examinez-vous comme un pauvre ?*
Je ne viens pas vous demander l'aumône. »

Golaud refuse d'être regardé dans la détresse de sa condition humaine. Il ne demande rien, aucun geste de charité. Il ne veut connaître que lui-même. Et soudain, la cellule de l'**âme** et la cellule-clef de la **matière,** de l'**anneau,** du **conscient,** de l'**inconscient** (po 279) se heurtent en même temps que se heurtent Golaud et Mélisande par leurs regards qui ne communiquent pas (voir ce symbole supra) :

« *Vous espérez voir quelque chose dans mes yeux*
sans que je voie quelque chose dans les vôtres ? »

Golaud se sait jugé par Mélisande, il tente de donner le change, de sauver la face, il la provoque :

« *Croyez-vous que je sache quelque chose ?* »

puis s'adressant à Arkel, il essaie de s'en faire un allié. Il tente d'opposer le clan d'Allemonde à l'inconnue trouvée un soir au bord d'une fontaine. Il humilie Mélisande :

« *Voyez-vous ces grands yeux...*
On dirait qu'ils sont fiers d'être riches... »

La réponse d'Arkel :

« *Je n'y vois qu'une grande innocence...* »

déroute Golaud, le renvoie à sa solitude et le replonge dans ses obsessions, cependant qu'à l'orchestre s'amorcent et se répètent les premières notes de la cellule attribuée à l'**innocence** et conclue par la forme syncopée qui est toujours la réponse du **destin** (po 281).

Golaud joue la stupéfaction :

« *Une grande innocence !...*
Ils sont plus grands que l'innocence ! »

Le drame de l'incommunicabilité des êtres n'a jamais été exprimé de façon plus désespérée. Les images qu'accumule Golaud en sont toutes témoignage :

« *Ils sont plus purs que les yeux d'un agneau...*
Ils donneraient à Dieu des leçons d'innocence.
Une grande innocence ! Ecoutez ; j'en suis si près
que je sens la fraîcheur de leurs cils quand ils clignent ;
et cependant, je suis moins loin des grands secrets
de l'autre monde que du plus petit secret de ces yeux !... »

Dans sa rage, Golaud va jusqu'à créer l'image la plus pure qu'il trouve pour s'opposer à la noirceur d'âme prêtée à Mélisande :

« *Une grande innocence !... Plus que de l'innocence !*
On dirait que les anges du ciel
y célèbrent sans cesse un baptême »

La cellule de l'**enchaînement du destin** s'élève sous cette phrase, vite tronquée par la cellule de la **présence du destin** qui se fait entendre par deux fois, menaçante (po 283).

Golaud affirme tout savoir de l'être qu'il a cru asservir :

« *Je les connais ces yeux !* »

tout connaître de sa duplicité :

« *Je les ai vu à l'œuvre !* »

Il s'emporte contre ces « portes de l'âme » qu'il accuse de l'avoir trompé :

« *Fermez-les ! fermez-les !* »

Il menace de les clore pour toujours :

« *Ou je vais les fermer pour longtemps !* »

Il y a une analogie certaine entre cette scène et les précédentes rencontres de Golaud avec Mélisande. Une fois de plus Maeterlinck insiste sur les oppositions : Esprit-Ame, Conscience-Inconscience, Raison-Intuition et l'incommunicabilité qui existait dès l'origine entre les deux archétypes matière-esprit est arrivée à son paroxysme. Debussy, lui, ne perd pas une seule fois le sens terrible de la progression littéraire et, le moulant étroitement, lui donne des prolongements inouïs.

La cellule de l'**âme** s'ébauche (po 284).

Mélisande a un involontaire mouvement de protection vers son **cou,** symbole de la communication de l'âme avec le corps. Golaud se saisit avidement de ce geste et l'interprète comme une crainte de Mélisande envers ses menaces précédentes. :

« *Ne mettez pas ainsi votre main à la gorge,*
Je dis une chose très simple... Je n'ai pas d'arrière-pensée...
Si j'avais une arrière-pensée pourquoi ne la dirais-je pas ?... »

alors que tout son comportement est l'évidence du contraire.

Rappelons l'état de tension extrême toujours éprouvé par Mélisande dont les pensées sont en proie au doute suscité par le départ de Pelléas. Désormais, Mélisande veut fuir, non par crainte de la mort mais pour ne rien révéler de « sa » vérité et parce qu'elle a, très prosaïquement, le sentiment de « perdre son temps ». La voie qu'elle avait accepté de suivre avec Golaud débouche sur l'impasse de cette scène. Mélisande est déjà loin des pauvres sentiments de domination et d'allégeance. Supérieure à l'homme dans le domaine des perceptions émotives, elle a trouvé en l'amour la stimulation de son âme et, désormais, aucune des épreuves qui l'assaillent ne peuvent l'en détourner. En elle reviennent, hallucinantes, les images de ses premières terreurs, des frayeurs antérieures à Golaud. Sans doute fuirait-elle, en avant, après cette scène, comme elle l'a fait autrefois si Pelléas n'était pas là et si, en son cœur, Mélisande ne connaissait pas la détresse. Elle veut quitter l'endroit où elle se trouve et Golaud s'esclaffe :

« *Ah ! ah ! ne tâchez pas de fuir !* »

il ordonne :

« *Ici ! donnez-moi cette main !* »

il outrage ce qu'il n'a pu asservir :

« *Ah ! vos mains sont trop chaudes... Allez-vous-en !*
Votre chair me dégoûte !... Allez-vous en ! »

Désormais, Golaud va jouer de Mélisande comme un chat avec une souris.

Il ricane :

« Il ne s'agit plus de fuir à présent ! »

La cellule de l'**âme** s'affole à l'orchestre (po 287) menacée au préalable par celle de la **matière** (po 286-287).

Golaud empoigne Mélisande :

« Vous allez me suivre à genoux !
A genoux devant moi ! »

A genoux (c'est-à-dire les deux genoux à terre) : symbole de l'humiliation la plus forte identifiée à la soumission des vaincus !

Des rappels d'accords entendus à la fontaine et à la précédente scène traversent, meurtris, le bouillonnement de l'orchestre à la fois déchaîné et maîtrisé par Debussy (po 289).

La **matière** brutalise l'esprit, veut imposer ses limites à l'**âme** et, n'y parvenant pas, tente de la détruire. Enfin, Golaud, suprême avilissement, saisit les cheveux de Mélisande, ce symbole de l'âme, de sa féminité. Il assaille par ce moyen les profondeurs de l'être qu'il n'a pu atteindre :

« Ah ! ah ! vos longs cheveux servent enfin à quelque chose. »

Il joue, halluciné :

« A droite et puis à gauche ! A gauche et puis à droite ! »

Au comble de sa démence, Golaud hurle :

« Absalon ! Absalon ! »

Le symbole de ce nom placé ici par Maeterlinck mérite qu'on s'y attarde. **Absalon,** fils de David, avait fait mettre à mort son frère Amnon coupable d'avoir violé leur sœur Thamar, puis se révoltant contre son père, il tenta de prendre le pouvoir et chassa David de Jérusalem. Lors d'un combat, ses troupes perdues dans la forêt d'Ephraïm y furent battues par la garde de David. En combattant, Absalon monté sur un mulet passa sous un chêne dans les ramures duquel se prit sa chevelure. Il resta ainsi suspendu entre **ciel** et **terre** et fut tué par Joab, fils de Céruya, de trois épieux. Sa **chevelure** est donc ici le symbole de ce qui permet à la justice de s'appliquer.

A ce moment, Golaud relie dans le même symbole Pelléas et Mélisande, coupables tous deux, selon son esprit. Le symbolisme de la chevelure de Mélisande est transféré à Pelléas et les tortures subies par Mélisande atteignent Pelléas à travers elle :

« En avant, en arrière ! Jusqu'à terre ! Jusqu'à terre... »

A bout de rage, Golaud lache enfin Mélisande. La terrible et démentielle crise de violence se termine en sanglots hystériques et Golaud s'écrie :

« Vous voyez, vous voyez ; je ris déjà
comme un vieillard... Ah ! Ah ! Ah ! »

La cellule du **destin,** impitoyable, cingle ces phrases (po 294). Arkel intervient enfin en appelant :

« Golaud ! »

d'une voix paralysée par l'émotion.

Il a assisté à tout, pétrifié (c'est une erreur de le faire quitter la scène pendant ce tableau). Il n'a pris parti à aucun moment. Il ne peut qu'accepter la finalité des événements. Il enregistre les signes du destin, n'ose intervenir et lorsqu'il le fait, devenant doigt du destin lui-même, il interprète difficilement le sens dans lequel il a cru devoir s'orienter. Arkel est homme parmi les hommes et son stoïcisme n'a apporté aucun enseignement véritable en Allemonde. Maeterlinck d'ailleurs notait dans « La sagesse et la destinée » : « dès qu'un sage apparaît dans un drame, celui-ci n'est plus possible ».

Or ici, le drame existe, la sagesse est donc exclue... La seule vertu d'Arkel est de connaître et d'accepter toutes les faiblesses humaines. Il n'a aucun remède pour guérir les blessures de l'âme ni aucune méthode à enseigner pour accéder au bonheur. Il n'atteindra la grandeur qu'au moment de la mort de Mélisande et grâce à cet événement décisif.

Golaud se calme enfin, brisé. Il s'abandonne à la douleur niant même avoir attaché de l'importance à ces événements :

« Vous ferez comme il vous plaira, voyez-vous ! »

Se voulant magnanime dans un dernier sursaut d'orgueil :

« Je n'attache aucune importance à cela.
Je suis trop vieux ; et puis je ne suis pas un espion. »

La cellule du destin laisse sèchement tomber son rythme (po 296).

Golaud s'en remet au sort :

« J'attendrai le hasard ; et alors... Oh ! alors !... »

Il balbutie une dernière formule honorable :

« Simplement parce que c'est l'usage ;
Simplement parce que c'est l'usage. »

Il se veut chevaleresque car le chevalier est celui qui, à travers toutes les aventures de la vie, est supérieur aux faiblesses de l'homme ordinaire. N'est-il pas le symbole du refus de la corruption et de la félonie mais il peut devenir, dans une forme pervertie, le symbole de la volonté et de l'irréalisme par l'aliénation des autres à sa propre vision.

Et c'est en cela que le personnage de Golaud est bouleversant. En ce drame il est seul à représenter la condition humaine avec ses grandeurs comme avec ses faiblesses. A lui seul, il est l'humanité toute entière.

Golaud sorti, Arkel dit avec effort une phrase qui semble hors de propos :

« *Qu-a-t-il donc ? Il est ivre ?* »

Plus loin, sa dernière phrase contredira formellement le prosaïsme de cette interrogation. Il faut voir en celle-ci le symbolisme de l'**ivresse** qui est celui de la perte du contrôle de la connaissance. Le comportement de Golaud est incohérent pour Arkel puisqu'il s'apparente à des recherches spirituelles qui seraient faites avec des moyens hallucinogènes. Mélisande ne s'y trompe pas et répond :

« *Non, non, mais il ne m'aime plus...*
Je ne suis pas heureuse... »

Il faut croire que Golaud représentait pour Mélisande une affection plus importante qu'il n'y paraissait... On ne peut qu'être bouleversé par l'impression d'infinie solitude accablant la jeune femme en ce moment.

Arkel conscient de son impuissance à être le guide nécessaire à ces êtres déchirés évoque alors Dieu, puissance infinie, pour conclure cette scène de cauchemar :

« *Si j'étais Dieu, j'aurais pitié du cœur des hommes...* »

Et c'est là une des phrases les plus inspirées qui ait jamais été écrite.

L'interlude qui relie cette scène avec l'épisode d'Yniold est presque entièrement construit sur la **cellule-clef** de la **matière,** de l'**anneau,** du **conscient** et de l'**inconscient** (po 299 à 306). Tous les groupes d'instruments, les uns après les autres, pétrissent et prolongent l'angoisse. Au milieu de l'interlude, le hautbois laisse échapper, pareilles à une plainte, quelques notes de la cellule de l'**âme** vite éteinte par l'impitoyable rythme de la cellule de la **matière**. L'intensité musicale croît jusqu'au paroxysme, va en diminuant, quelques mesures de la cellule des **menées inconscientes** se font entendre puis, sans transition, la scène d'Yniold commence (po 307). Il était nécessaire pour Maeterlinck de placer ici une scène rappelant nettement le sens métaphysique de son œuvre : dans le monde encerclé où vit l'homme, le destin inexorable conduit les êtres vers la mort selon les voies choisies par lui. Seuls les actes passionnés, stimulants de l'âme, subliment l'homme et, reposant sur l'intuition issue de l'émotion, permettent d'accéder à la beauté, c'est-à-dire à la plénitude de la vie. Ainsi l'homme accède au bonheur par la perception de l'ineffable. En cela, la femme et l'enfant êtres intuitifs, « avertis », (selon l'expression de Maeterlinck), privilégiés, approchent plus simplement que l'homme du sens de la destinée (voir 40 et supra). Pour établir avec intensité ce qu'il désire exprimer, l'écrivain ramène Yniold près de la fontaine des aveugles.

ACTE IV

SCÈNE 3 - Une fontaine dans le parc (po 307)

Yniold cherche à soulever une pierre sous laquelle a disparu sa balle d'or :

« Oh ! cette pierre est lourde... Elle est plus lourde que moi...
Elle est plus lourde que tout le monde.
Elle est plus lourde que tout...
Je vois ma balle d'or entre le rocher
et cette méchante pierre, et je ne puis pas y atteindre...
Mon petit bras n'est pas assez long
et cette pierre ne veut pas être soulevée...
On dirait qu'elle a des racines dans la terre... »

Chaque mot établit symboliquement l'unité cosmogonique.

La pierre est symbole de la connaissance et de la sagesse. L'âme s'y dissimule, et de la pierre peuvent naître des relations entre le ciel et la terre (l'arbre étant le principe de vie dynamique, la pierre est principe de vie statique).

Le rocher symbolise les forces écrasantes des désirs terrestres.

La balle d'or est symbole de perfection totale en sa forme sphérique et sa matière inattaquable.

Les racines sont symbole de la communication avec l'inconscient du monde.

Le petit bras est symbole de la volonté impuissante.

Ainsi, Yniold se situe lui-même au seuil de cette scène. Il a sous les yeux tous les éléments de la connaissance mais ses efforts sont vains pour atteindre la vérité qu'il pressent.

Une cellule nouvelle : le **microcosme** (C 20 - po 309) souligne les paroles de l'enfant. Auparavant, une ébauche de l'**énigme du monde** (po 307-308) était apparue un instant.

Yniold abandonne ses vaines tentatives d'accéder à la connaissance par les symboles matériels et se tourne vers une autre observation :

« Oh ! oh ! j'entends pleurer les moutons...
Tiens ! il n'y a plus de soleil... »

Les accords de la **présence du destin** s'affirment à l'orchestre (po 311) ainsi que la cellule de la **matière** (po 312).

Les **moutons** ne sont pas seulement symbole des mouvements grégaires de l'homme trouvant, en l'identité des actes et des pensées, le remède à ses angoisses. Ils sont aussi symbole des transmigrations de l'âme et symbole d'obéissance, le mouton (ou l'agneau) étant victime propitiatoire par excellence.

Yniold « entend pleurer les moutons » alors qu' « il n'y a plus de soleil ». Cette observation est symbole de l'absence de manifestation d'une essence sublime. Le **soleil** est source de vie, mais aussi, en l'occurence, symbole du **roi**, cœur de l'empire. Or, ni Arkel, ni le Père, ni Golaud ne remplissent leur fonction de **guide** d'Allemonde. Le **soleil** est donc aussi symbole du subconscient, synonyme de cette illumination de l'esprit qui fait défaut en ce royaume.

Ainsi le groupe se lamente-t-il lorsqu'il ne peut pas transférer sur un chef ses désirs, ses besoins, ses souffrances et ses inquiétudes, quitte, lorsque l'autorité pèse par des actions qui coûtent, à l'agresser et à la détruire.

Yniold observe :

> *« Ils arrivent les petits moutons ; ils arrivent...*
> *Il y en a !... Il y en a !... Il ont peur du noir...*
> *Ils se serrent ! Ils se serrent ! Ils pleurent et ils vont vite !...*
> *Il y en a qui voudraient prendre à droite...*
> *Ils voudraient tous aller à droite... Ils ne peuvent pas !...*
> *Le berger leur jette de la terre... »*

Le guide maintient, par la force de sa volonté, les hommes dans le chemin voulu. Le **berger** est symbole du guide mais aussi de la sagesse, de la vigilance et de la protection.

Ici, le **berger,** personnage invisible dans l'ouvrage (ce qui accentue le symbolisme), représente aussi l'oracle du destin. La cellule des menées inconscientes se fait entendre brièvement (po 315) et Yniold constate :

> *« Ah ! Ah ! ils vont passer par ici... Je vais les voir de près.*
> *Comme il y en a ! Maintenant ils se taisent tous... »*

Il appelle :

> *« Berger ! pourquoi ne parlent-ils plus ? »*

Le berger révèle :

> *« Parce que ce n'est pas le chemin de l'étable... »*

L'**étable** symbole du lieu à atteindre, de la protection, du repos...

Ainsi, dans une transhumance douloureuse, guidés par les sages ou les fous, les hommes apeurés suivent-ils tous les mêmes voies vers l'inconnu en méprisant les avertissement des prophètes. Yniold s'angoisse devant les signes dont il est « averti » mais qu'il ne peut interpréter :

> *« Où vont-ils ? Berger ? berger ?*
> *Où vont-ils ? Il ne m'entend plus.*
> *Ils sont déjà trop loin... Ils ne font plus de bruit...*
> *Ce n'est pas le chemin de l'étable...*
> *Où vont-ils dormir cette nuit ?... »*

Il s'épouvante soudain :

« *Oh ! oh ! il fait trop noir...* »

« trop noir » : clair symbole de son incapacité à comprendre. Tout à coup Yniold décide :

« *Je vais dire quelque chose à quelqu'un...* »

c'est-à-dire communiquer ce qu'il vient de ressentir.

Ce « quelqu'un » ne peut être que Mélisande, en qui il rencontre toujours la correspondance de ses inspirations. Il est donc « toujours chez petite mère ». Instrument involontaire du destin, il va courir à la chambre de Mélisande, ne l'y trouvera pas et s'en ira la chercher dans la chambre de son père en « réveillant » celui-ci.

Golaud, tout de suite en suspicion, repousse l'enfant, prend son épée et part à la recherche de sa femme et de Pelléas...

ACTE IV

SCÈNE 4 – (po 319) Les forces inconnues ont tout disposé pour que soient vécus les ultimes moments du drame. Au cours du temps, le destin s'est maintes fois manifesté aux héros de la tragédie et ceux-ci ont délibérément choisi de poursuivre leur chemin malgré les avertissements dont leur intuition leur donnait une sorte de conscience (ainsi Mélisande) ou bien ont subi le cours des péripéties sans pouvoir s'y soustraire (tels Golaud et Pelléas).

A présent, Yniold a quitté la fontaine des aveugles où Pelléas lui succède empli de l'aveu qu'il s'est fait dès son retour des souterrains. L'acceptation de son amour éclate de façon éperdue :

« *C'est le dernier soir... le dernier soir...*
Il faut que tout finisse... J'ai joué
comme un enfant autour d'une chose que
je ne soupçonnais pas... J'ai joué, en rêve,
autour des pièges de la destinée... »

Cette illumination l'amène à des constatations définitives. Il manifeste son effroi de ce qu'il croit avoir créé lui-même, en son inconscience.

Une déformation profonde de la cellule exprimant la nostalgie du temps passé souligne ces mots (po 320).

Il s'épouvante :

« *Qui est-ce qui m'a réveillé tout à coup ?* »

Pelléas ne réalise à aucun moment l'influence de Mélisande. Il exprime sa stupeur en un saisissant raccourci symbolique :

« *Je vais fuir en criant de joie et de douleur*
comme un aveugle qui fuirait l'incendie de
sa maison. »

La **joie** et la **douleur,** oppositions majeures des sentiments humains, sont symbole de vie et de mort.

L'**aveugle** est symbole de l'ignorance qui était l'état premier de Pelléas avant l'arrivée de Mélisande.

L'**incendie** est symbole de la flamme allumée dans le cœur de Pelléas. Enfin la **maison** : Pelléas lui-même, son « Moi » vécu jusqu'à présent de façon égotiste, tourné vers son accomplissement personnel, tendu vers la recherche de l'amour qu'il appelait : beauté. Pelléas ne savait pas jusqu'alors que l'amour n'est absolu, n'est véritable qu'à deux : principe féminin et principe masculin associés, sublimés l'un par l'autre et en opposition constante.

Dans une fuite en avant qui rejoint l'ordre du voyage imposé par ceux d'Allemonde, il veut échapper aux destinées qui l'enserrent.

La cellule de l'**idéal** s'élève angoissée, soulignant le trouble de Pelléas (po 321) :

« *Je vais lui dire que je vais fuir... Il*
est tard. Elle ne vient pas... »

Pourtant, malgré la cellule des menées inconscientes qui reparaît (po 322), Pelléas ne peut se résoudre à partir :

« *Je ferais mieux de m'en aller sans la revoir...* »

Il attend :

« *Il faut que je la regarde bien cette fois-ci...* »

Il témoigne de sa frayeur d'avoir méconnu Mélisande malgré les longs moments passés en tête à tête silencieux, et le symbolisme du **regard** se retrouve comme il se retrouve dans la phrase suivante :

« *Il y a des choses que je ne me rappelle plus...*
On dirait par moment qu'il y a cent ans que je
ne l'ai plus vue... Et je n'ai pas encore
rencontré son regard... »

Sous ces mots (po 323), un fragment de la cellule de l'**âme** s'élève doucement au violoncelle (54).

Pelléas manifeste son appréhension de partir alors que rien n'est vraiment éclairci :

« Il ne me reste rien, si je m'en vais ainsi...
Et tous ces souvenirs... C'est comme si
j'emportais un peu d'eau dans un sac de mousseline. »

Il crie son angoisse :

« Il faut que je la voie une dernière fois jusqu'au fond de son cœur...
Il faut que je lui dise tout ce que je n'ai pas dit... »

Alors Mélisande, surgie en silence, l'appelle :

« Pelléas ! »

renouant avec les instants qui la virent déjà nommer le jeune homme.

Mélisande marque ainsi par la possession du nom la gravité du moment vécu. Elle établit la continuité avec la scène qui fut source de ses angoisses (« qu'est-il arrivé, Pelléas, je ne comprends plus ce que tu dis »). A son tour, Pelléas nomme et appelle :

« Mélisande. Est-ce toi, Mélisande ? »

Mélisande répond seulement :

« Oui »

Sans attendre Pelléas la presse :

« Viens ici, ne reste pas au bord du clair de lune, »

Le **clair de lune** symbole du principe féminin (donc protecteur de Mélisande) est symbole aussi de la connaissance indirecte, par sa lumière réfléchie.

Mélisande éloignée de Pelléas ne peut recevoir que le reflet des paroles de Pelléas telle la lune reflétant le soleil. Mais la **lune** est aussi symbole de l'inconscient. En sa clarté, Mélisande peut trouver des réponses nées de l'imagination. Sa situation est donc incertaine. Pelléas propose :

« Viens ici, nous avons tant de choses à nous dire...
Viens ici dans l'ombre du tilleul. »

Il veut que Mélisande le rejoigne près de l'arbre qui est symbole de fidélité.

Mélisande refuse en **vouvoyant** Pelléas :

« Laissez-moi dans la clarté... »

et ce vouvoiement montre bien le changement qui s'est opéré en Mélisande, l'état de doute, la distance qui la sépare de Pelléas depuis la scène où celui-ci a annoncé son départ. Tous les signes du destin, saisis ou écartés par son intuition, l'ont amenée à ce moment privilégié où elle saura enfin. Elle veut donc recevoir les paroles de Pelléas en pleine « clarté » sans la moindre « ombre » dissimulatrice. Pelléas insiste, voulant amener Mélisande à lui :

> « *On pourrait nous voir des fenêtres de la tour.*
> *Viens ici ; ici, nous n'avons rien à craindre.*
> *Prends garde ; on pourrait nous voir.* »

L'ombre du **tilleul** protégerait ses aveux, renforcerait les paroles qu'il croit être inattendues pour Mélisande. Il s'inquiète et Mélisande s'écrie passionnée :

> « *Je veux qu'on me voie...* »

Rien n'existe plus pour elle. La rencontre demandée par Pelléas sera celle de l'accomplissement. Leur amour éclatera à la face du monde ou le néant terminera la voie parcourue par Mélisande depuis son arrivée en Allemonde.

Pelléas s'étonne :

> « *Qu'as-tu donc, Tu as pu sortir sans qu'on s'en soit aperçu ?* »

Il ne saisit pas le geste de Mélisande. Il voudrait savoir comment Mélisande a pu le rejoindre. La crainte se mêle à ses paroles soulignées par la cellule de l'**homme** (po 326). Mélisande, presqu'avec mépris, répond :

> « *Oui, votre frère dormait...* »

symbole de l'aveuglement de Golaud incapable de ressentir les instants où sa jalousie pourrait s'exercer vraiment !

Pelléas et Mélisande reçoivent alors de clairs avertissements du destin. On dirait que celui-ci, avant de les engager de façon définitive dans une voie sans retour, veut leur laisser une dernière possibilité de rebrousser chemin.

La cellule-clef de la **matière**, de l'**anneau**, du **conscient** et de l'**inconscient** ponctue sans cesse leurs phrases (po 326-327-328). Pelléas sait :

> « *Il est tard ; dans une heure on fermera les portes.*
> *Il faut prendre garde.* »

et il déplore :

> « *Pourquoi es-tu venue si tard ?* »

Mélisande quant à elle, fait état de présages précis :

> « *Votre frère avait un mauvais rêve.*
> *Et puis ma robe s'est accrochée aux clous de la porte* »

la retenant au moment de l'engagement définitif :

> « *Voyez, elle est déchirée. J'ai perdu tout ce temps*
> *et j'ai couru...* »

La **robe** est symbole de l'intimité secrète ; les **clous** sont symbole de ce qui retient avec force. La **porte** est symbole du passage vers l'au-delà ; et la robe est ici lacérée... Malgré tout cela, malgré le mauvais rêve, symbole menaçant et prémonitoire, Mélisande s'est précipitée. Pelléas en reçoit la vision avec une sorte de ravissement étonné :

> *« Ma pauvre Mélisande !... J'aurais presque peur de te toucher...*
> *Tu es encore hors d'haleine comme un oiseau pourchassé...*
> *C'est pour moi que tu fais tout cela ?...*
> *J'entends battre ton cœur comme si c'était le mien... »*

Cependant, la cellule exprimant la **présence du destin** traverse l'orchestre (po 329).

Pelléas tente en vain d'amener Mélisande à se rapprocher de lui :

> *« Viens ici... plus près de moi... »*

Soudain, insolite, inattendue, jaillit la question de Mélisande tendue dans l'attente :

> *« Pourquoi riez-vous ? »*

Pelléas, dans une sorte d'impuissance à traduire ce qu'il ressent, n'a toujours pas prononcé son aveu. Il s'étonne à peine :

> *« Je ne ris pas ; ou bien je ris de joie*
> *sans le savoir... »*

Il attache un autre sens à ce que demande Mélisande. Cependant que la cellule de l'**idéal** chante (po 329), il s'abandonne avec désespoir :

> *« Il y aurait plutôt de quoi pleurer... »*

Les longues tenues du **destin** entendues près de la fontaine viennent avec nostalgie rappeler à Mélisande leur premier entretien :

> *« Nous sommes venus ici il y a bien longtemps...*
> *je me rappelle... »*

Pelléas, timidement, comme soutenu par la fontaine proche, avoue :

> *« Óui... il y a de longs mois. Alors, je ne savais pas... »*

Une cellule nouvelle se crée, secourable, favorisant l'**Aveu** (C 30 - po 330) s'exprimant sous les mots que Pelléas prononce avec plus d'assurance :

> *« Sais-tu pourquoi je t'ai demandé de venir ce soir ? »*

Mélisande répond sans un encouragement :

> *« Non. »*

Ainsi a-t-elle déjà fait par le passé lorsque les événements lui dictaient une tension active vers une révélation ou un choix.

Pelléas insiste comme à leur première rencontre :

> *« C'est peut-être la dernière fois que je te vois...*
> *Il faut que je m'en aille pour toujours ! »*

La cellule de l'**idéal** chante haut à l'orchestre (po 331) exprimant le désarroi de Pelléas. Mélisande ne se retenant plus laisse éclater sa peine et **tutoie** de nouveau Pelléas comme pour se rapprocher de lui :

« Pourquoi dis-tu toujours que tu t'en vas ? »

Pelléas tente d'obtenir de Mélisande un signe qui lui faciliterait les mots que sa pudeur retient encore :

« Je dois te dire ce que tu sais déjà ! »

Mélisande ne répond pas. Pelléas reformule sa question de manière plus précise :

« Tu ne sais pas ce que je vais te dire ? »

Mélisande répond, mais de façon telle qu'elle oblige Pelléas à s'engager totalement :

« Mais non, mais non je ne sais rien. »

Eperdu, l'adolescent s'abandonne :

« Tu ne sais pas pourquoi il faut que je m'éloigne...
Tu ne sais pas que c'est parce que... je t'aime. »

Et, dans le silence, sans un murmure à l'orchestre, Mélisande, accomplie, dit à voix basse :

« Je t'aime aussi... »

Pelléas reçoit l'aveu de Mélisande avec une émotion infinie. Tant de raisons avaient sans doute été imaginées par lui pour se convaincre de ne pas voir son amour partagé qu'il ne peut croire, sur l'instant, à la réciprocité de leurs sentiments :

« Oh ! qu'as-tu dit, Mélisande !...
Je ne l'ai presque pas entendu !... »

Ces mots lui semblent rejoindre la douleur aigue d'un cautère :

« On a brisé la glace avec des fers rougis !... »

Il lui paraît que ce n'est pas Mélisande qui s'est exprimée :

« Tu dis cela d'une voix qui vient du bout du monde !... »

Peut-être n'a-t-elle pas prononcé ce qu'il a cru percevoir :

« Je ne t'ai presque pas entendue... »

Pelléas questionne, veut savoir :

« Tu m'aimes ? tu m'aimes aussi ?... Depuis quand m'aimes-tu ? »

Mélisande fait à Pelléas l'extraordinaire révélation :

« Depuis toujours... depuis que je t'ai vu... »

A cet instant du paroxysme de leur amour, une cellule nouvelle s'exhale, celle de la **Plénitude Spirituelle** (C 31 – po 333). Sur sa flexibilité, Pelléas chante une phrase d'une beauté miraculeuse :

« *On dirait que ta voix a passé sur la mer au printemps !... »*

alliant au symbolisme de la **mer,** source de toute vie, le **printemps,** époque de la renaissance après l'hibernation. Pelléas s'interroge sur le mystérieux bonheur qui l'envahit :

« *Je ne l'ai jamais entendue jusqu'ici.*
On dirait qu'il a plu sur mon cœur !... »

et la **pluie** est ici symbole des influences heureuses venues de l'en-haut. Il s'éblouit de trouver tant de simplicité chez un esprit céleste :

« *Tu dis cela si franchement !... Comme un ange*
qu'on interroge. Je ne puis pas le croire,
Mélisande... Pourquoi m'aimerais-tu ?
Mais pourquoi m'aimes-tu ? Est-ce vrai ce que tu dis ?
Tu ne me trompes pas ? »

Il se tourmente de ce qui pourrait être un jeu, se rappelant les élans et les retenues de Mélisande :

« *Tu ne mens pas un peu, pour me faire sourire ?... »*

et la cellule-clef attribuée à Golaud s'esquissant (po 336), Mélisande précise avec une telle franchise, une si grande absence de détours que la phrase en paraît monstrueuse :

« *Non, je ne mens jamais ; je ne mens qu'à ton frère... »*

Le symbole évoqué ici est pris en sa plus profonde signification. Il s'attache à l'opposition Esprit-Matière, Intuition-Raison. Dès leur première rencontre, Mélisande a dissimulé à Golaud le sens des valeurs absolues qu'elle attendait de lui. Laissant à son mari le temps de révéler sa nature véritable, puis refusant celle-ci sans rien en laisser paraître, elle a choisi de mentir à Golaud pour préserver sa propre montée vers l'idéal. Hors de tout « principe moral », le mensonge a donc permis la recherche de la vérité.

Pelléas reçoit cette révélation à sa juste mesure :

« *Oh ! comme tu dis cela !... »*

Il n'y a là aucune dissimulation, aucun sens malsain. D'ailleurs pour affirmer la pureté des échanges prononcés, Maeterlinck ajoute toute de suite des symboles par la bouche de Pelléas :

« *Ta voix ! Ta voix... Elle est plus fraîche*
et plus franche que l'eau !... » (symbole de vérité).

La cellule de l'**aveu** renforce ses paroles (po 337).

« *On dirait de l'eau pure sur mes lèvres... »*

Ainsi l'âme de Mélisande rejoint-elle le souffle, l'esprit de Pelléas.

« *On dirait de l'eau pure sur mes mains... »*

Mélisande, dominatrice jusqu'alors, s'abandonne à la jouissance d'être dominée et sans rien dire, écoute et regarde Pelléas. La cellule de l'**âme** chante à l'orchestre (po 338) et Pelléas marque sa prise de possession :

« *Donne-moi, donne-moi tes mains.* »

ce qui est symbole d'abandon pour celui qui les donne.

« *Oh ! tes mains sont petites !...* »

ce qui est symbole de protection accordée à celui qui les prend. Pelléas s'émerveille :

« *Je ne savais pas que tu étais si belle !...*
Je n'avais jamais rien vu d'aussi beau avant toi... »

La cellule de l'**âme** dans une fluidité extrême vole sous ces mots (po 338).

« *J'étais inquiet. Je cherchais partout dans la maison...* »

symbole de refuge et symbole du « soi » :

« *Je cherchais partout dans la campagne,* »

symbole tourné vers un autre univers que le « connu » :

« *et je ne trouvais pas la beauté...* »

c'est-à-dire l'assouvissement des plus ultimes élans de l'âme.

« *Et maintenant je t'ai trouvée, je l'ai trouvée...* »

Alliant les sens possessifs en une vigueur exceptionnelle, Pelléas identifie Mélisande à l'idéal qu'il porte en lui.

Le thème de la **plénitude** éclate à l'orchestre soulignant (po 341) :

« *Je ne crois pas qu'il y ait sur la terre une femme plus belle !...* »

La **femme** étant ici microcosme fait à l'image de Dieu, l'**âme** en un mot. La cellule de l'**âme** précise cette intention (po 342) et la « terre » évoquée donne aux paroles de Pelléas la dimension de l'univers.

Tout à coup, Pelléas perçoit le « silence » de Mélisande, ce silence « actif » dont Maeterlinck disait qu'il est le plus révélateur de l'être (voir 52).

Mélisande écoute et regarde Pelléas depuis l'aveu de son amour. Sa tension silencieuse est telle qu'elle semble se confondre avec la nature qui l'entoure.

Pelléas s'en alarme :

« *Où es-tu ? Je ne t'entends plus respirer...* »

La différence entre l'expression des sentiments des deux jeunes gens est nette : fougue, ardeur, juvénilité, extériorisation chez Pelléas, **principe masculin**. Silence, gravité, intériorisation chez Mélisande, **principe féminin**.

Avec simplicité, Mélisande prononce les seuls mots qui lui paraissent traduire la profondeur de son abandon, de sa soumission à l'être élu :

« *C'est que je te regarde...* »

Pelléas est interdit :

« *Pourquoi me regardes-tu si gravement ?* »

Les correspondances mystérieuses qui se révèlent par le silence, ce langage de l'âme, font prendre soudain conscience à Pelléas qu'il n'a juqu'alors exprimé que ses propres élans. Emporté par la passion, il n'a pas vraiment communiqué avec Mélisande. Il lui faut à présent établir l'échange :

« *Nous sommes déjà dans l'ombre.*
Il fait trop noir sous cet arbre » (le**tilleul**)
« *Viens dans la lumière. Nous ne pouvons pas*
voir combien nous sommes heureux. Viens, »

Pelléas insiste recherchant dans la « **lumière** » l'illumination de leurs âmes.

A l'orchestre (po 342-343) des motifs issus des cellules de l'**âme,** de l'**aveu** et de l'**abandon,** s'entrelacent.

« *Viens ; il nous reste si peu de temps...* »

et Pelléas montre par ces mots sa crainte d'Allemonde. Mélisande reçoit cette phrase. Riche de toute son expérience douloureuse, elle devient **guide** de Pelléas dans les voies de l'amour. Elle prend sa main pour le conduire dans les chemins de la sublimation :

« *Non, non, restons ici... Je suis plus près de toi dans l'obscurité...* »

c'est-à-dire dans la « **nuit** », symbole de toutes les virtualités de l'existence, révélation de l'inconscient d'où jaillit le jour de la connaissance.

Mélisande veut vivre, concentrée sur eux-mêmes, les instants qui établissent la vérité de leurs âmes alors que Pelléas s'inquiète encore :

« *Où sont tes yeux ? Tu ne vas pas me fuir ?* »

Il a des reproches enfantins et naïfs envers Mélisande qui ne s'en offusque pas. Toute l'harmonie de ces instants dépasse la maladresse juvénile du jeune homme :

« *Tu ne songes pas à moi en ce moment...* »

« *Mais si, je ne songe qu'à toi...* »

répond Mélisande.

Pelléas ajoute :

« *Tu regardais ailleurs...* »

Et Mélisande dévoile :

« *Je te voyais ailleurs...* »

En ces minutes précieuses, Pelléas a abandonné la notion du temps qui passe et de la situation sans retour.

Mélisande, par contre, n'a rien oublié. Les scènes qu'elle a vécues sont encore trop présentes pour que ne demeure pas en son âme la perception de l'avenir où se résoudront toutes leurs interrogations, dans la mort. Mélisande sait que le chemin où ils se sont engagés doit se poursuivre et s'achever. Pelléas n'a pas conscience du terrible dénouement.

Mélisande voit « ailleurs » Pelléas, en un au-delà où ils seront réunis pour l'éternité (voir infra « Le Jugement Dernier »).

Pelléas ne comprend plus, se croit coupable :

« *Tu es distraite... Qu'as-tu donc ?*
Tu ne me sembles pas heureuse... »

Comme à contre-cœur, Mélisande parle, elle dit son regret de quitter ce monde et son angoisse du grand passage vers l'inconnu.

« *Si, si, je suis heureuse, mais je suis triste...* »

La cellule de l'**âme** murmure sous ces mots (po 346).

Soudain, au moment précis où la force de Mélisande défaille, par appréhension ; au moment où Pelléas s'inquiète de ce changement, le destin les affirme, sans espoir de retour, dans la voie qu'il leur avait proposée.

Un grondement sourd s'entend au loin.

Pelléas revient à lui :

« *Quel est ce bruit ? On ferme les portes !...* »

et Mélisande prend conscience de leur engagement avec une sorte de bonheur :

« *Oui, on a fermé les portes...* »

Pelléas s'étonne, comprend :

« *Nous ne pouvons plus rentrer ? Entends-tu les verrous ?*
Ecoute ! Ecoute... les grandes chaînes !
Il est trop tard, il est trop tard !... »

La cellule qui éclatera bientôt sous la forme de l'engagement définitif s'amorce, sporadique (po 347).

Les portes du château se ferment, les verroux se bloquent, les chaînes s'abattent, Allemonde a repoussé la faute. En faisant relever le pont-levis, Golaud a interdit aux fugitifs tout espoir de retour. Les symboles se fortifient l'un, l'autre et une cellule implacable retentit : l'**Engagement Définitif** (C 32 - po 348).

Mélisande au comble de l'exaltation clame sa joie dans l'assouvissement :

« Tant mieux ! Tant mieux ! »

Pelléas prend conscience des sentiments de Mélisande qui dépassent les frontières de la mort :

*« Tu ? Voilà, voilà !... Ce n'est plus nous qui le voulons !...
Tout est perdu, tout est sauvé ! Tout est sauvé ce soir !... »*

Pelléas révélé dans sa propre essence vit enfin à l'unisson de Mélisande. Ils vibrent tous deux en harmonie des secrets de la vie et de la mort. Tout est perdu pour la vie, tout est sauvé pour l'âme.

Pelléas appelle Mélisande :

*« Viens, viens... mon cœur bat comme un fou jusqu'au
fond de ma gorge... Ecoute ! mon cœur est sur le point
de m'étrangler... Viens ! »*

Ils s'enlacent enfin. Une cellule d'une clarté sans pareille paraît : **L'Eblouissement de la Révélation** (C 33 – po 351) et Pelléas, comme une caresse, dit :

« Ah ! qu'il fait beau dans les ténèbres. »

C'est le moment culminant de l'ouvrage, la minute où Pelléas reçoit de Mélisande la révélation totale de lui-même, d'eux-mêmes. Les ténèbres se déchirent. La nuit de ce long cheminement vers la beauté se sublime au seuil de la mort. Car la mort est là qui s'insinue à la suite des mots de Pelléas, la cellule de l'**engagement sans retour** (po 352) annonce la présence de Golaud. Mélisande aussitôt ressent cette proximité :

« Il y a quelqu'un derrière nous... »

La cellule de l'**engagement définitif** qui ponctue chaque phrase (po 353) pourrait être appelée à présent **cellule de la mort** si l'on se souvient que Debussy n'a voulu aucun caractère de leitmotiv à ces structures mais plutôt une forme de pulsion psychologique capable de toutes les maléabilités.

Pelléas n'a pas les perceptions vives de Mélisande, il se retourne :

« Je ne vois personne... »

ce à quoi Mélisande répond :

« J'ai entendu du bruit... »

Il est intéressant de noter que Pelléas « voit », c'est-à-dire met en œuvre l'**œil** symbole de la connaissance intellectuelle, donc du raisonnement, cependant que Mélisande « écoute » et pour cela use de l'**oreille** symbole éminemment spirituel de l'intuition.

A partir de ce moment et pour quelques instants, les deux amants ne parlent plus le même langage. Si leurs cœurs sont toujours unis, la différence est perceptible qui fait parler Pelléas sur un abandon poétique et Mélisande sur la réalité du dénouement.

Pelléas évoque :

« Je n'entends que ton cœur dans l'obscurité... »

cependant que Mélisande précise :

« J'ai entendu craquer les feuilles mortes...»

Pelléas suggère :

*« C'est le vent qui s'est tu tout à coup... Il est
tombé pendant que nous nous embrassions. »*

Le **vent** symbole du souffle de l'esprit s'ajoute à l'éblouissement de la révélation souligné par la cellule à l'orchestre (po 353). Son **calme** soudain symbolise la plénitude des instants.

Mélisande dit avec tendresse :

« Comme nos ombres sont grandes ce soir ! »

L'**ombre** est ici symbole de l'âme et Pelléas renchérit :

*« Elle s'enlacent jusqu'au fond du jardin !...
Ah ! qu'elles s'embrassent loin de nous !
Regarde ! Regarde ! »*

La mort approche et rien n'existe pour Pelléas et Mélisande que la fusion de leurs âmes, ce que souligne encore la cellule de l'éblouissement de la révélation (po 355).

Mélisande voit Golaud :

« Ah ! il est derrière un arbre ! »

La cellule de la **matière** alterne avec la cellule de l'**engagement** (po 355).

Pelléas a oublié les menaces :

« Qui ? »

Mélisande précise :

« Golaud ! »

Pelléas ne le voit pas :

« Golaud ? où donc ? je ne vois rien ! »

Mélisande indique :

« Là... au bout de nos ombres... »

Au bout de leurs âmes, la mort attend. Cette matière dont Golaud est pétri, impuissante à vaincre les élans de l'esprit, guette attentive le dernier signe qui lui donnera les raisons de tuer. Golaud se dissimule derrière un **arbre**, symbole masculin, comme il s'était appuyé sur l'un d'eux lors de sa première rencontre avec Mélisande. Golaud devient ici justicier, instrument du destin. La jalousie n'est que le moteur de son bras armé par les Parques.

Pelléas découvre Golaud :

« *Oui, oui ; je l'ai vu... Ne nous retournons pas brusquement.* »

les cellules de l'**angoisse** et des **menées inconscientes,** déformées, se tordent à l'orchestre (po 356).

Mélisande observe :

« *Il a son épée...* »

cependant que Pelléas regrette :

« *Je n'ai pas la mienne...* »

C'est la première fois qu'un sentiment de violence semble apparaître chez Pelléas mais l'opposition du symbolisme est ici caractéristique. L'**épée** symbolise le respect du droit détenu. Parce qu'elle est le prolongement de celui qui la brandit, elle frappe ceux qui ont manqué aux lois. Pelléas **sans épée** est livré à celui qui est le justicier. Il devient ainsi victime propitiatoire.

Mélisande s'interroge sur l'attitude de Golaud :

« *Il a vu que nous nous embrassions...* »

Pelléas tente de raisonner, malgré son émotion :

« *Il ne sait pas que nous l'avons vu... Ne bouge pas ;*
Ne tourne pas la tête. Il se précipiterait...
Il nous observe... Il est encore immobile... »

La cellule de la **matière** menace toujours (po 356-357) se mêlant aux premières notes du thème de l'illumination intérieure entendu à la grotte (po 357).

Pelléas s'offre en sacrifice et désire prendre seul la responsabilité de la faute :

« *Va-t-en, va-t-en tout de suite par ici...*
Je l'attendrai... Je l'arrêterai... »

Mélisande refuse :

« *Non* »

Pelléas supplie :

« *Va-t-en.* »

Mélisande refuse encore :

« *Non.* »

Pelléas se désespère :

« Il a tout vu... Il nous tuera !... »

Mélisande refuse la séparation de leurs destins. Elle veut assumer sa part. Elle accepte et désire de tout son être cette mort qui les unira :

« Tant mieux ! tant mieux !... »

La **cellule** de l'**idéal** monte à l'orchestre (po 358).

Mélisande enlace Pelléas donnant ainsi à Golaud le dernier signe qu'il désirait.

« Il vient ! »

crie Pelléas qui implore :

« ta bouche ! ta bouche !... »

Mélisande abandonnée, donne ses **lèvres** symbole de communication suprême :

« Oui !... oui !... oui !... »

La cellule de l'**éblouissement de la révélation** culmine, se mue en cellule de l'**âme** (po 360) cependant que Pelléas chante :

« Oh ! oh ! toutes les étoiles tombent ! »

et que Mélisande réclame impérieusement :

« Sur moi aussi ! sur moi aussi !... »

Ainsi, parce que Mélisande est devenue instrument du destin, en Allemonde un fratricide va être commis, deux vies seront anéanties et les êtres qui demeureront n'oublieront jamais.

Les « étoiles qui tombent » doivent donc être prises ici dans leurs multiples symbolismes. L'étoile est source de lumière, elle perce l'obcurité. Elle est lampe braquée sur l'inconscient. L'homme doit imaginer son haut niveau pour atteindre la plénitude de lui-même. Mais l'**étoile** est également le symbole de l'ange. L'étoile tombée du ciel peut donc aussi symboliser l'ange déchu...

Le destin prévient Pelléas et Mélisande des conséquence de leur acte. Ils acceptent leurs responsabilités et s'engagent à les assumer en face de Dieu.

Pelléas et Mélissande s'unissent en esprit autant que s'ils s'unissaient charnellement.

« Encore ! Encore !... donne ! »

réclame Pelléas.

« Toute ! »

s'abandonne Mélisande ; et leurs deux voix se pénètrent sur les mêmes mots :

« Donne... toute... donne... toute... »

Leur sensualité longtemps contenue au bénéfice de l'esprit éclate ici avec une force torrentueuse et une liberté d'autant plus rayonnante qu'elle se mesure à la poésie des moments qu'ils ont vécus auparavant.

La cellule de l'**éblouissement** éclate au paroxysme de l'amour, tout de suite menacée par la cellule-clef de la **matière** (po 362).

Golaud se précipite et tue Pelléas.

La gorge nouée par l'effroi, désespérée, Mélisande fuit :

« *Oh ! Oh !... je n'ai pas de courage !...*
je n'ai pas de courage... Ah !... »

Le **courage** est une disposition du cœur. C'est un sentiment qui révèle la fermeté devant la danger et la souffrance – son contraire est la faiblesse.

Mélisande défaille au moment d'accéder à la connaissance suprême. Symboliquement placée devant ce passage redoutable, elle témoigne de l'ultime angoisse humaine.

Tout l'orchestre se précipite en une montée fantastique à l'assaut de la cellule de l'**âme** qui s'échappe et les derniers accords tranchent comme des coups d'épée (po 363-364).

Avant d'aborder la scène ultime, rappelons-nous ce que croyait Maeterlinck : « Tout ce qui ne va pas au-delà de la sagesse expérimentale et quotidienne ne nous appartient pas et n'est pas digne de notre âme. Tout ce qu'on peut apprendre sans angoisse nous diminue. »

La philosophie de l'écrivain est ramassée en ces pensées. Maeterlinck y ajoute le tragique des destinées pour aborder, en leur donnant une portée métaphysique, l'énigme du monde et l'énigme de l'âme. Ce qui pouvait n'être qu'une histoire d'amour débouche ainsi sur l'inconnu, « l'invisible étant prouvé par le visible. » (55).

Mélisande a vécu son existence en attente de la transfiguration. Ses intuitions, ses impulsions ont transcendé les moments terrestres pour lui permettre d'atteindre le surnaturel. Par la grâce de l'amour, elle accède à la révélation qui va lui être donnée au moment de la mort.

Mélisande sert de réactif à ceux qui l'entourent. A son contact, ils perçoivent l'essence de leur être. Toutefois, seul Pelléas sera capable de trouver la plénitude en s'unissant à Mélisande par la passion.

La passion qui provoque un intense jaillissement de force émotionnelle permet à l'homme de sublimer sa vie et de mesurer les profondeurs de son être. La sagesse née de l'expérience de la douleur ne trouve son assurance que dans l'immobilisme. Lorsqu'elle entend tirer la signification des événements, la sagesse se trompe à tout coup en fondant ses jugements en regard de critères qu'elle voudrait infaillibles. L'homme vit à l'échelle cosmogonique d'un cycle perpétuel de mort et de résurrection qui dépasse son raisonnement ; donc, il ne peut accéder à la perception des secrets de la création que par l'intuition. Les Destinées attaquent les hommes, sapent leurs points vulnérables, les amènent à de successifs abandons, les induisent en erreur par des signes équivoques et les conduisent à leur perte mais les moments de crise, en apportant une lumière subite sur les événements vécus extirpent au jour les plus intimes secrets d'une existence. L'être cherchant le sens de sa vie, trouve des réponses à ses questions lorsqu'il se mesure au destin. Celui-ci, puissant mais aveugle, peut être détourné en réunissant contre lui les forces intérieures. L'amour, la douleur, la mort sont donc épreuves nécessaires pour accéder à la Connaissance, encore celle-ci ne dure-t-elle que les brefs instants précédant la mort. La lumière entrevue alors serait celle de l'accomplissement absolu. La communion des âmes pourrait s'opposer aux malheurs de l'humanité mais l'homme vit dans l'impossibilité de communiquer vraiment avec son semblable. Il lui faudrait épanouir sa sensibilité plutôt que sa logique afin de rompre sa solitude. Il devrait oublier la condition humaine née des principes qu'il a lui-même établis pour retrouver la vibration du Moi collectif accordé au niveau des Moi individuels. L'Ame est ce Moi personnel qui, seule entité perceptible par l'individu s'interrogeant, voit son domaine inexprimable pour les autres. L'Ame est donc la conscience positive seule décelable par l'introspection. Elle s'oppose à l'Esprit attaché à la matière, aux passions humaines, à la raison pure source de la sagesse expérimentale et quotidienne. L'Ame évoque l'éternité et les fondements même de la Vie. Elle explore le Moi le plus profond en se contentant de ressentir les faits sans les analyser. Son domaine, tout intérieur, est le privilège secret de la personnalité.

L'Esprit explique, l'Ame révèle.

S'opposent donc :

Esprit et Ame

Conscient et Inconscient

Raison et Intuition

L'intuition est métaphysique, l'esprit restant d'un monde physique. L'inconscient dévoile les profondeurs que le conscient, alerté, peut utiliser. La femme est plus apte que l'homme à atteindre ces rivages secrets car son psychisme intuitif lui permet d'emprunter les voies les plus irrationnelles pour parvenir à ses aboutissements. L'homme se contente d'offrir les valeurs fausses de sa raison au lieu des trésors de la vie profonde de son âme ! (Voir note 40.) A l'échelle de l'univers, le monde rationnel et mécanisé, négation de toute vie spirituelle, appelle en contre-partie le réconfort de l'idéalisme.

ACTE V

SCENE 1 – Une chambre dans le château (po 365)

La scène qui verra mourir Mélisande débute par la cellule de l'**âme,** brisée et amenée à une rare intensité mélancolique. Une douce cellule nouvelle l'ultime **Recueillement** (C 34 - po 365) se révèle et traversera toute la scène.

Le médecin expose la situation froidement. Il faut se rappeler le symbolisme du médecin qui exprime la sagesse essentielle acquise par la connaissance du corps et de l'esprit (voir supra). Le **médecin** est guide des existences sans cesse menacées.

Il dit :

    « Ce n'est pas de cette petite blessure qu'elle peut mourir ; »

Il n'y a donc pas de relation apparente entre la nature de la blessure physique infligée par Golaud et la mort de Mélisande :

    « Un oiseau n'en serait pas mort... »

Le médecin insiste :

    « Ce n'est donc pas vous qui l'avez tuée
    mon bon seigneur ; ne vous désolez pas ainsi... »

Cette insistance montre combien la société d'Allemonde entend être préservée. Ces assassinats vont sombrer dans l'oubli et Golaud, « bon Seigneur » et Prince d'Allemonde, retrouvera le calme avec l'apaisement. Il le faut !

Une phrase se veut rassurante :

    « Et puis il n'est pas dit que nous ne la sauverons pas... »

La cellule de l'**âme**, cachée, reparaît sous les phrases d'Arkel qui interprète le silence pesant (po 367) :

    « Non, non ; il me semble que nous nous taisons
    trop malgré nous dans la chambre, Ce n'est pas un bon signe... »

Au moment où l'âme approche des confins de la vie, Arkel attentif scrute la torpeur de Mélisande. Dans une certaine mesure il se dissocie du médecin et des autres pour se rapprocher d'elle :

    « Regardez comme elle dort... lentement, lentement...
    on dirait que son âme a froid pour toujours... »

Arkel tâche de percevoir l'univers inconnu qui s'est toujours dérobé à ses méditations logiques. Transcendé par le stoïcisme en cette dernière scène, Arkel incarne la philosophie de la sagesse mais aussi la bonté absolue.

La cellule de la **matière** (po 368) précède le repentir de Golaud :

« *J'ai tué sans raison !* »

La cellule de l'**âme** gémit en réponse sous ses paroles :

« *Est-ce que ce n'est pas à faire pleurer les pierres !...* »

Son désespoir se situe en comparaison des minéraux qui ne connaîtront jamais l'émotion des larmes !

Les cellules de la **matière** et de l'**âme** se heurtent toujours (po 369).

L'action criminelle de Golaud a ramené en lui un calme apparent. il semble à la fois soulagé et meilleur juge de ce qu'il a commis. Il minimise la scène où il a réellement vu Pelléas et Mélisande s'enlacer passionnément :

« *Ils s'étaient embrassés comme des petits enfants...*
Ils étaient frère et sœur... »

Il fait état de cette force irrésistible qui l'a poussé à tuer. Il s'excuse d'un acte qui lui paraît étranger à lui-même :

« *Et moi, moi tout de suite !... Je l'ai fait*
malgré moi, voyez-vous... Je l'ai fait malgré moi... »

Le médecin s'aperçoit d'une modification dans l'état de Mélisande :

« *Attention ; je crois qu'elle s'éveille...* »

Les premières phrases prononcées par Mélisande depuis « je n'ai pas de courage » représentent une quintessence symbolique :

« *Ouvrez la fenêtre... Ouvrez la fenêtre...* »

A l'orchestre, la cellule du **recueillement** élargie, précède la cellule de l'**envol de l'âme** (po 369) et soutient les paroles. La **fenêtre** est le dernier obstacle symbolique avant le grand passage vers l'inconnu. Symbole de la réceptivité, elle indique l'état disponible dans lequel Mélisande veut recevoir l'ultime lumière. Et cela, Mélisande l'affirme à Arkel lorsqu'il demande :

« *Veux-tu que j'ouvre celle-ci, Mélisande ?* »

en lui répondant :

« *Non, non, la grande fenêtre... C'est pour voir...* »

Arkel s'enquiert auprès du médecin :

« *Est-ce que l'air de la mer n'est pas trop*
froid ce soir ? »

L'**Air,** un des quatre éléments qui, avec la **Terre**, le **Feu** et l'**Eau** est à la base des cosmogonies traditionnelles (voir explication des symboles, supra)...

En cette phrase, Arkel manifeste sa crainte de voir Mélisande, âme fragile, aborder trop vite, peut-être, les forces de l'au-delà.

Le médecin répond intensément, semblant se transcender lui-même, enfin :

« Faites, faites... »

Il favorise ainsi le passage vers l'Inconnu et Mélisande répond simplement :

« Merci... »

La cellule de l'**envol de l'âme** (po 371) retrouve alors toute sa force. Mélisande entre dans les voies de la mort. Une relation s'établit avec la naissance de sa fille dès cet instant. Mélisande demande, attentive à sa propre mort :

« Est-ce le soleil qui se couche ? »

Arkel l'aide à percevoir les signes :

« Oui, c'est le soleil qui se couche sur la mer ; »

Le **soleil** est symbole de connaissance, foyer d'énergie et source de vérité. Le **soleil couchant** devient symbole d'apaisement, de plénitude dans l'accomplissement. Il n'est pas symbole de déclin ni de mort mais au contraire symbole de la révélation de l'essence de la vie. Au moment de la mort, il apporte ses derniers rayons à l'âme et l'aide à franchir les portes de l'éternité. Se couchant sur la **mer,** lieu des naissances, des mutations et des renaissances, il féconde la vie et assure la pérennité.

Arkel constate et interroge :

« Il est tard. Comment te trouves-tu, Mélisande ? »

Arkel est toujours attentif à l'imperceptible signe qui lui dévoilerait l'ultime sagesse. L'âme de Mélisande s'éloigne peu à peu :

« Bien, bien, pourquoi demandez-vous cela ?
Je n'ai jamais été mieux portante...
Il me semble cependant que je sais quelque chose... »

L'instant vécu par Mélisande est bien une véritable initiation si l'on se réfère à l'étymologie du mot : TELEUTAI : faire mourir, l'initiation étant considérée comme le franchissement d'un seuil permettant la découverte de l'ailleurs. La « grande fenêtre » est ce seuil franchi par Mélisande. Le « soleil » apporte sa « lumière ». Mélisande change de niveau cosmique. Elle devient différente de ceux qui l'entourent. Mais ce qui, dans l'initiation, demeure mort psychologique est prolongé ici par une mort physiologique afin d'affirmer le sens métaphysique qui est le postulat de l'ouvrage. **La mort réelle devient donc l'initiation capitale,** le suprême enseignement que l'être vivant peut recevoir. Ainsi regardée, elle devient témoignage de l'immortalité de l'âme. Une cellule nouvelle vient à ce moment prolonger les mots de Mélisande : l'**Initiation** (C 35 – po 371).

Arkel dit son impuissance à saisir les signes de l'au-delà :

« Que dis-tu ? Je ne te comprends pas... »

Il voudrait obtenir la précision des mots, le confort d'un raisonnement et se faire préciser l'abstraction des instants. (Maeterlinck, fidèle à ses convictions, montre ici les limites de la sagesse expérimentale). Rien ne lui est révélé. Le thème de l'**âme** revient « aussi doux que possible » sous les phrases de Mélisande (po 372).

Mélisande se regarde mourir :

« Je ne comprends pas non plus tout ce que je dis,
voyez-vous... Je ne sais pas ce que je dis... Je
ne sais pas ce que je sais... Je ne dis plus ce que je veux... »

Maeterlinck a écrit dans « Le Silence » que « la parole est du temps, le silence de l'éternité ». Aucun mot ne pourrait faire sentir à Arkel la richesse et l'intensité des moments vécus par Mélisande. Les forces qui animent celle-ci lui apportent des émotions sublimes qui ne peuvent pas se traduire par le langage commun. Dans l'interrogation d'elle-même, Mélisande perçoit l'extériorisation de ses pensées inconscientes. Elle s'y abandonne, accepte l'ineffable, s'accorde à « l'ivresse d'âme » chère aux grands mystiques. Elle atteint la perception du sens de la vie originelle et perpétuée. La voie choisie s'oppose victorieuse au destin destructeur. Mélisande devient **initiée** et **initiante** à la fois par son exemple, car la fatalité peut s'acharner à détruire la vie concrète sans parvenir à entamer le « Moi » le plus profond.

Arkel est dérouté par les paroles de Mélisande. Il dit, comme pour se justifier :

« Mais si, mais si... Je suis tout heureux de
t'entendre parler ainsi ; tu as eu un peu de
délire ces jours-ci, et l'on ne te comprenait
plus... »

Le **délire** est symbole d'incohérence, mais aussi de mystère, de révélations tenues secrètes. Arkel guette les mots révélateurs, en vain...

Il se veut fort d'une conviction qu'il n'a pas :

« Mais maintenant, tout cela est bien loin !... »

Mélisande, simplement, dit son détachement :

« Je ne sais pas... »

Elle renoue avec la vie par une sorte de tendresse née de la béatitude :

« Etes-vous seul dans la chambre, grand-père ? »

Le symbole de la **chambre** reparaît, lieu clos de réflexion. Arkel répond à la question de Mélisande d'une façon détournée qui montre le raisonnement limité du vieillard. Il juge cette situation rationnellement sans percevoir la pensée transcendantale de Mélisande. Il parle d'abord de celui qui, selon lui, est responsable de la quiétude où se trouve Mélisande :

« Non, il y a encore le médecin qui t'a guérie... »

Mélisande dit seulement :

« Ah !... »

Arkel continue :

« Et puis il y a encore quelqu'un »

Mélisande demande :

« Qui est-ce ? »

Arkel avoue la présence de Golaud, comme à regret :

*« C'est... il ne faut pas t'effrayer.
Il ne te veut pas le moindre mal, sois-en sûre...
Si tu as peur, il s'en ira... Il est très malheureux... »*

La cellule de la **matière** revient à l'orchestre (po 374). Mélisande questionne encore une fois, comme privée de tout souvenir :

« Qui est-ce ? »

Golaud a été rejeté du monde de Mélisande parce qu'inutile à présent !

Il faut qu'Arkel précise :

*« C'est... c'est ton mari...
C'est Golaud... »*

pour que Mélisande revienne sur terre, au sens le plus absolu de l'expression :

« Golaud est ici ? Pourquoi ne vient-il pas près de moi ? »

Cet étonnement montre à quel point Mélisande est libérée de tout.

Golaud par contre n'a pas quitté le niveau des passions. Sincère dans le regret de son acte, il pleure sur lui-même plus que sur sa femme. Ces réactions voulues sont symboles des difficultés de l'être à dépasser l'égoïsme.

Il nomme Mélisande en une plainte qui est une dernière manifestation de possession :

« Mélisande... Mélisande... »

A l'orchestre, une cellule nouvelle exprime l'**Apaisement** (C 36 - po 375) et souligne la quiétude de Mélisande :

*« Est-ce vous Golaud ? Je ne vous reconnaissais
presque plus... C'est que j'ai le soleil du soir dans les yeux... »*

Le **soleil du soir,** symbole de l'ultime lumière révélatrice aveugle Mélisande en ces minutes et l'empêche de percevoir avec précision le monde où son enveloppe charnelle se trouve encore :

« Pourquoi regardez-vous les murs ? Vous avez maigri et vieilli. »

En sa sérénité, Mélisande s'étonne : l'âme de Golaud reste toujours enfermée derrière les tabous créés par l'esprit ! Indifférente elle questionne :

« Y a-t-il longtemps que nous nous sommes vus ? »

Et sous cette phrase, Claude Debussy impose la toute première cellule de l'ouvrage : l'**énigme du monde,** montrant par là que la relativité du temps est sans influence sur l'âme ! (po 376).

Golaud, dévoré par ses inquiétudes, ne répond pas et se tourne vers le médecin :

« Voulez-vous vous éloigner un instant, mes pauvres amis... »

Toutefois le lien avec ceux d'Allemonde n'est pas interrompu :

« Je laisserai la porte grande ouverte...
Un instant seulement... »

Golaud a tant besoin de cette société qui le conforte, il ajoute :

« Je voudrais lui dire quelque chose ;
sans cela je ne pourrais pas mourir... voulez-vous ?
Vous pouvez revenir tout de suite... »

Or Golaud ne présente aucun signe d'une mort prochaine. Il repousse donc dans l'imprécis l'oubli de sa jalousie. Ce faisant, il pressent que le désespoir né de ses incertitudes ne s'éteindra qu'avec lui-même.

La cellule qui exprime les menées des désirs inconscients souligne ces paroles. (po 377).

Golaud implore :

« Ne me refusez pas cela... je suis un malheureux... »

Il n'a pas un mot de remord, pas une plainte pour sa femme. Il ne parle que de lui ! Arkel et le médecin sortent, la cellule de l'âme s'élève (po 378). Les premiers mots de Golaud sont encore pour lui-même, la phrase adressée à Mélisande n'étant là que comme une sorte d'excuse magnanime :

« Mélisande, as-tu pitié de moi comme j'ai pitié de toi ?... »

En prononçant, une fois de plus, le nom de Mélisande, Golaud affirme son obsession d'une domination totale de l'être aimé :

« Mélisande... me pardonnes-tu, Mélisande ?... »

La cellule de l'**apaisement** (po 378) suscite la plus étonnante particularité de l'ouvrage : pour une seule fois Mélisande tutoie Golaud. Or le **tutoiement,** symbole d'intimité et d'abandon prend ici des résonnances considérables.

En ces instants, il n'y a pas « pardon » dans le sens chrétien de l'absolution des péchés mais harmonie totale de Mélisande, au moment de quitter le monde, avec tous les êtres, même avec son mari meurtrier :

> « *Oui, oui, je* **te** *pardonne...* »

D'ailleurs, Mélisande montre combien le plan spirituel où elle se trouve à présent est loin de toutes contingences :

> « *Que faut-il pardonner ?* »

Golaud laisse apparaître alors pendant quelques phrases, un autre aspect de lui-même, une part heureuse de sa sensibilité :

> « *Je t'ai fait tant de mal, Mélisande...*
> *Je ne puis pas te dire le mal que je t'ai fait...*
> *Mais je le vois, je le vois si clairement aujourd'hui,*
> **depuis le premier jour...** »

Il a donc la perception complète de la voie néfaste qu'il a imposée à Mélisande.

> « *Et tout est de ma faute, tout ce qui est arrivé,*
> *tout ce qui va arriver...* »

Il se culpabilise. Il accepte et réclame la responsabilité de tout, pourvu qu'il saisisse le sens de ce qui s'est passé. Il tente de s'attribuer une justesse de jugement qu'il n'a jamais eue.

> « *Si je pouvais le dire... Tu verrais comme je le vois !...*
> *Je vois tout, je vois tout !...* »

Sur tant de pauvre affliction la cellule de l'**âme** semble pleurer (po 381).

Enfin Golaud laisse échapper une douloureuse excuse à sa folie :

> « *Mais je t'aimais tant !... je t'aimais tant !...* »

et cette excuse d'amour prend un sens pitoyable devant l'usage qu'il veut en faire. La menace de la mort va lui servir également. Il va recourir aux mêmes ruses qu'employées avec Yniold. Il essaie d'attendrir Mélisande :

> « *Mais maintenant quelqu'un va mourir... C'est moi qui*
> *vais mourir... et je voudrais savoir... je voudrais*
> *te demander... tu ne m'en voudras pas ?...* »

Il insiste, parlant de lui à la troisième personne :

> « *Il faut dire la vérité à quelqu'un qui va mourir...*
> *Il faut qu'il sache la vérité, sans cela il ne pourrait pas dormir...* »

Pour les aveux qu'il escompte, Golaud réclame un serment solennel :

> « *Me jures-tu de dire la vérité ?* »

Mélisande accepte :

> « *Oui.* »

Le **serment** est symbole des garanties données par les protections invisibles, sa transgression amenant le coupable à subir de terribles châtiments.

Sans le moindre détour, Golaud pose la seule question qui le torture :

« As-tu aimé Pelléas ? »

Le réponse de Mélisande est tellement étrange dans sa netteté, qu'elle déroute Golaud :

« Mais oui, je l'ai aimé. Où est-il ? »

Il faut observer chez Mélisande une absence totale d'intérêt envers ce qui est arrivé à Pelléas. Elle semble n'avoir gardé aucun souvenir des moments vécus. Encore une fois, nous devons nous rappeler les origines du personnage dans l'ouvrage. Dès le départ, Mélisande a montré l'unique objet de ses préoccupations : son propre accomplissement. Pelléas a été l'élément idéal cristallisant ses aspirations. La mort raye Pelléas de toute appartenance terrestre et le « où est-il ? » de Mélisande montre qu'elle n'est plus en communication avec lui. Pelléas déterminé par elle pendant tout l'ouvrage a reçu, avant elle, la **lumière** avec la **mort**. Il la précède à présent dans la connaissance définitive et l'attend aux portes de l'au-delà (voir infra). Mais la cellule de l'**esprit** sous les paroles de Mélisande assure la présence, invisible, de Pelléas (po 385).

Golaud ne se contente pas de cette réponse, il y voit une marque de dissimulation :

« Tu ne me comprends pas ? tu ne veux pas me comprendre ? »

Il hésite, puis précise sa première question :

« Il me semble... Il me semble... Eh bien voici.
Je te demande si tu l'as aimé d'un amour défendu ? »

Le terme employé ici est issu, sans conteste, des dogmes religieux : « l'amour défendu » est opposé à « l'amour permis ». L'un étant péché, l'autre étant vertu.

« As-tu ?... Avez-vous été coupables ? Dis, dis,
oui, oui, oui. »

La cellule de l'**éblouissement de la révélation** s'oppose à ces paroles (po 385) se dressant devant la morbide inquisition de Golaud qui exhorte à la réponse souhaitée ! Le thème de l'**Idéal** revient soutenir Mélisande de sa présence.

« Non, non, nous n'avons pas été coupables.
Pourquoi demandez-vous cela ? »

Golaud s'emporte, adjure, fait intervenir la caution des puissances supérieures :

« Mélisande !... dis-moi la vérité pour l'amour de Dieu ! »

En face de Golaud « vertueux » de par le droit, Mélisande « coupable » ne ressent aucune responsabilité. Le destin l'a guidée. Les réponses á toutes ses attentes se révèlent en ce jour. Mélisande ne cache donc aucune faute. Elle déclare sincèrement n'avoir jamais été coupable en regard d'elle-même. La pureté de Pelléas égale à sa soif de vérité propre, est alliée à cette réponse.

Elle ne comprend pas pourquoi Golaud s'inquiète de choses inexistantes :

« *Pourquoi n'ai-je pas dit la vérité ?* »

Golaud s'affole de son impossibilité à obtenir une réponse. Il n'est plus question de Pelléas, l'interrogation prend une autre dimension. La notion de « vérité » prend d'autres résonnances. Il s'agit de « connaissance » au sens le plus étendu du terme à présent... Cette connaissance recherchée par tout Allemonde et dont seule Mélisande a su approcher.

Golaud veut savoir à tout prix :

« *Ne mens pas ainsi au moment de mourir ! »*

Déjà, avec Yniold, Golaud s'était emporté en trahissant les bornes de son caractère. Ici encore, il se montre incapable de se dominer. Il s'abandonne à la **violence** (symbole d'expression de matérialisme) dès que les faits ou les paroles lui sont incompréhensibles.

Sur la cellule de l'**apaisement** qui exprime sa sérénité (po 387), Mélisande interroge Golaud :

« *Qui est-ce qui va mourir ? est-ce moi ? »*

Elle ne manifeste aucune angoisse. Elle a besoin d'une précision pour la conduite consciente des instants qu'elle vit encore et puis Golaud n'a-t-il pas affirmé que « c'était lui qui allait mourir » ? Elle place ainsi Golaud devant son insupportable mensonge. Il s'enferre à ses propres pièges et une fois de plus s'irrite. Sa fureur éclate avec sa douleur :

« *Toi, toi et moi, moi aussi, après toi !... »*

Sa raison est dépassée par la soif de détruire ce qu'il ne peut posséder.

La cellule de l'**âme** palpite sous ses mots (po 387).

Golaud unit Mélisande à lui-même, à la société d'Allemonde qui les entoure :

« *Et il nous faut la vérité... Il nous faut enfin la vérité, entends-tu ?... »*

comme si la dimension élargie donnée au sens de sa question pouvait inciter Mélisande à s'incliner :

« *Dis-moi tout ! Dis-moi tout ! Je te pardonne tout ! »*

La cellule des **menées inconscientes** martelle les mots de Golaud toujours dominée par celle de l'**âme** (po 388).

Il promet l'absolution avec le même acharnement mis à torturer Mélisande. Sa douleur est tragique mais sa grandeur misérable. Il veut recevoir de sa femme une réponse en rapport avec ce qu'il attend. Il accordera son pardon s'il reçoit la certitude d'avoir été trompé. Sa magnanimité le grandira à ses propres yeux. Cette dernière scène est de la part de Golaud, un immense aveu d'impuissance. Mélisande n'a pas écouté. Elle s'est appliquée à trouver le sens de cette connaissance nouvelle : **sa mort.** Elle a rapproché la perception de cet état physique aux perceptions inconscientes qui illuminent son âme. Elle s'interroge elle-même en disant à voix haute :

« Pourquoi vais-je mourir ? Je ne le savais pas. »

Cette phrase ne s'adresse pas à Golaud. C'est une constatation sereine, une satisfaction même... Golaud s'emporte sans retenue, sans daigner prendre précautions :

« Tu le sais maintenant... Il est temps ! Vite ! vite !
La vérité ! La vérité ! »

Sous ces mots, à l'orchestre, éclate, aux cors, le rythme capital qui conditionne l'ouvrage : **la cellule-clef qui unit l'énigme de l'âme, l'homme, l'inconscient, le conscient avec l'identification et le Lien !** (po 389).

Ce déchirement sonore est suivi d'un accord serein qui apporte la lumière des cordes à peine effleurées.

Mélisande réalise le sens de la vie par la perception de la mort. Heureuse, elle sourit :

« La vérité... »

Un ombre de douleur transparaît sur son visage. Elle répète :

« La vérité... »

La modulation de l'orchestre semble voiler pour Mélisande la vérité approchée. cette inaccessible révélation qui s'éloigne, à peine entrevue. A présent, silencieuse, Mélisande se recueille, la cellule de l'**âme** vient encore la soutenir (po 389).

Golaud s'inquiète, perdu... :

« Où es-tu ? Mélisande ! Où es-tu ? Ce n'est pas naturel !
Mélisande ! Où es-tu ? »

Il tente, en nommant Mélisande, de reprendre cette pensée qui lui échappe sans cesse.

Arkel et le médecin reviennent.

A travers la porte restée « grande ouverte », ils ont vu et entendu la triste scène. En présence des sages, Golaud retrouve la sincérité des accents exprimés à la fin de sa première rencontre avec Mélisande. On s'aperçoit qu'il sort grandi de ce qu'il vient de vivre. Il montre enfin les ressources de son esprit et, qui sait, sera peut-être initié par une telle épreuve.

Avec une grande dignité, il avoue :

« *Oui, oui, vous pouvez rentrer...*
Je ne sais rien, c'est inutile... elle est déjà trop loin de nous... »

c'est-à-dire d'Allemonde.

Il ajoute :

« *Je ne saurais jamais !... Je vais mourir ici comme un aveugle !...* »

En cet instant, Golaud se révèle plus avancé qu'Arkel en perception, celui-ci s'épouvante en effet :

« *Qu'avez-vous fait ? Vous allez la tuer...* »

et Golaud répond, dans une lucidité terrible :

« *Je l'ai déjà tuée...* »

Cette phrase est, pour Arkel, une révélation, il mesure l'exacte situation des âmes et fera preuve, jusqu'à la fin de l'œuvre, des plus grandes vertus.

Ceux d'Allemonde sont transmutés par la mort de Mélisande ; et l'extrême vieillesse reçoit de l'extrême jeunesse l'enseignement suprême. Arkel se rapproche de Mélisande, établit en prononçant son nom la relation avec son âme ; la cellule du **recueillement** précède ses paroles (po 391)) :

« *Mélisande...* »

Mélisande, aussitôt, s'assure :

« *Est-ce vous, grand-père ?* »

Leur dialogue, lourd de symboles, a seul de l'importance. Arkel répond en s'affirmant :

« *Oui, ma fille... Que veux-tu que je fasse ?...* »

C'est-à-dire : qu'attends-tu de moi ? Arkel se met ainsi à la disposition de Mélisande. Il s'engage à obéir et à répondre sans détours. Il offre le secours dans les limites de la sagesse. Mélisande commence ses interrogations. Elle a besoin de certaines notions extérieures pour mieux s'imprégner des images intérieures que l'au-delà lui donne :

« *Est-il vrai que l'hiver commence ?* »

Arkel doucement s'enquiert :

« *Pourquoi demandes-tu cela ?* »

Mélisande révèle une observation trouvée en elle :

« *C'est qu'il fait froid et qu'il n'y a plus de feuilles...* »

Le **froid** est une fois de plus évoqué (antithèse de la chaleur de la vie) et les **feuilles** apportent leur symbolisme.

La **feuille** fait partie du règne végétal qui est lui-même symbole de l'unité fondamentale de la vie. La **feuille** est symbole du caractère cyclique de l'existence, naissance, maturation, mort, transmutation. Le cycle végétal implique des forces cosmiques fantastiques. Aphrodite et Dionysos sont parmi les divinités protectrices de ce règne.

Arkel craint la trop grande force des révélations qui atteignent Mélisande :

« Tu as froid ? Veux-tu qu'on ferme les fenêtres ? »

La présence du **destin** se retrouve à l'orchestre (po 392) et continue à s'accélérer (po 392 à 394).

Mélisande le rassure en souriant :

« Non... jusqu'à ce que le soleil soit au fond de la mer, »

phrase d'une poésie sublime et d'un saisissant symbolisme car Mélisande parle d'elle-même et de sa propre mort.

Le **soleil** la représente descendant dans les profondeurs de la **mer** symbole de la régénérescence et source de vie, mais il indique aussi l'illumination finale et cette phrase est de la même essence qu'une autre précédemment dite par Arkel : « c'est le soleil qui se couche sur la mer ».

Mélisande interroge Arkel, apeurée un instant devant l'inconnu :

« Il descend lentement ; alors c'est l'hiver qui commence ? »

Arkel élude la question trop précise dont il ne connaît pas la réponse et demande à son tour :

« Tu n'aimes pas l'hiver ? »

Mélisande avoue alors ce qui est son angoisse primordiale. Elle dit son plus intime secret :

« Oh ! non. J'ai peur du froid ! j'ai si peur des grands froids... »

Elle révèle sa peur devant tout ce qui n'est pas rayonnement, lumière et, par analogie, Amour. Ce n'est pas le **froid** qui importe ici mais bien la « peur du froid » qu'il faut mettre en opposition avec la « chaleur » et la « clarté » « mises en mouvement par le soleil », selon Plutarque...

La cellule de l'**âme** souligne ce que dit Mélisande (po 394). Arkel demande encore :

« Te sens-tu mieux ? »

Mélisande lui répond, sereine :

« Oui, oui ; je n'ai plus toutes ces inquiétudes. »

Rassuré par la force d'âme de Mélisande, Arkel pose alors une question d'une extrême importance :

« Veux-tu voir ton enfant ? »

Ainsi, il fait état pour Mélisande mourante, de la perpétuation de la vie.

Le symbole que représente cet enfant est très grand. Sauf une allusion faite par Golaud à Pelléas au sortir des souterrains et peut-être un sous-entendu à la scène 2 du deuxième acte, il n'a jamais été question de cette naissance. Mélisande a vécu, témoigné et agi comme une vierge.

L'important est que, par la présence du symbole, le cycle de la vie s'accomplisse. Mélisande enceinte « physiologiquement » ne représente rien et ce serait une monstruosité que de le souligner visuellement. Mélisande s'étonne :

« Quel enfant ? »

montrant les mêmes étonnements qu'envers l'absence de Pelléas, au début de la scène.

Arkel précise :

« Ton enfant, ta petite fille... »

Mélisande demande :

« Où est-elle ? »

et Arkel répond en présentant l'enfant :

« Ici... »

La cellule de l'**âme** doucement s'élève (po 395). Mélisande observe :

« C'est étrange... je ne puis pas lever les bras pour la prendre... »

Le **bras,** rappelons-le, est symbole de force, de secours accordé, de protection.

Mélisande constate sa faiblesse envers cette vie qu'elle a donnée et qu'elle ne peut aider.

Arkel comprend cela, offre toute son expérience. Le vieillard devient clair symbole des forces sages dont a besoin malgré tout l'humanité et qui, mal comprises et mal utilisées, sclérosent Allemonde en le précipitant au dogmatisme :

« C'est que tu es encore très faible.
Je la tiendrai moi-même ; regarde... »

La cellule de l'**Initiation** vient ponctuer les dernières paroles prononcées par Mélisande avant de quitter le monde terrestre (po 396).

« Elle ne rit pas... Elle est petite...
Elle va pleurer aussi... J'ai pitié d'elle... »

Il n'est pas possible d'établir en un plus poignant raccourci ce qu'est le destin de l'enfant fait à l'égal du sort des humains ; ni ce que sont les appréhensions de Mélisande devant cette vie désarmée, protégée par les bras d'un vieillard. Pour s'accomplir, à l'image de sa mère, cette enfant ne devra compter que sur elle.

Tout à coup, la cellule de l'**âme** se débat, semble comme aspirée par la cellule de l'**enchaînement** (po 396). Les servantes du château entrent, averties par un mystérieux instinct ; fondues dans le même anonymat, semblables au chœur antique, aux messagères de la mort, préparatrices des âmes pour le grand voyage.

A leur aspect, Golaud s'épouvante :

> *« Qu'y a-t-il ? Qu'est-ce que toutes ces femmes*
> *viennent faire ici ? »*

Le médecin constate :

> *« Ce sont les servantes... »*

Arkel s'étonne :

> *« Qui est-ce qui les a appelées ? »*

Le médecin précise :

> *« Ce n'est pas moi... »*

Surpris de cette arrivée inopinée, pris de court, dépassé par ce signe, Golaud s'emporte, incapable de maîtriser son angoisse :

> *« Que venez-vous faire ici ? Personne ne vous*
> *a demandées... Que venez-vous faire ici ?*
> *Mais qu'est-ce que c'est donc ? Répondez ! »*

Arkel s'interpose :

> *« Ne parlez pas trop fort... Elle va dormir,*
> *elle a fermé les yeux... »*

Golaud s'alarme :

> *« Ce n'est pas ?... »*

Le médecin le rassure :

> *« Non, non, voyez ; elle respire... »*

Le médecin et Arkel sont penchés sur Mélisande, observant le cheminement de la mort :

> *« Ses yeux sont pleins de larmes.*
> *Maintenant c'est son âme qui pleure... »*

Les **larmes** symbole de ce qui disparaît en s'évaporant avertissent des derniers instants terrestres de Mélisande. Celle-ci étend les bras devant elle, fortement (alors qu'elle n'avait pu esquisser le moindre geste auparavant).

Arkel ne comprend pas, il interroge le médecin :

> *« Pourquoi étend-elle ainsi les bras ? Que veut-elle ? »*

Impuissant à interpréter ce signe, le médecin trouve une réponse sans conviction :

« *C'est vers l'enfant sans doute. C'est la lutte de la mère contre...* »

Il ne perçoit pas que Mélisande s'offre aux forces qui l'appellent. Il est trop près des corps, aveuglé par les apparences et prisonnier d'une science à l'usage de la terre.

Golaud interroge le médecin dans une explosion de douleur :

« *En ce moment ? En ce moment ? Il faut le dire, dites ! dites...* »

Il ne peut croire à la proximité de cette mort.

Le médecin ne s'engage pas mais laisse entendre :

« *Peut-être...* »

Golaud s'épouvante :

« *Tout de suite ?* »

Les moments sont comptés à présent. Il veut savoir, il s'en revient à ce qui l'obsède :

« *Oh ! oh ! il faut que je lui dise...*
Mélisande ! Mélisande ! »

Il implore :

« *Laissez-moi seul ! laissez-moi seul avec elle !* »

Arkel s'oppose à lui avec une énergie insoupçonnée :

« *Non, non, n'approchez pas... Ne la troublez pas...*
Ne lui parlez plus. »

La cellule de la **sagesse** s'élève (po 402) :

« *Vous ne savez pas ce que c'est que l'âme...* »

Golaud se plaint, s'absout lui-même, rejetant la responsabilité de cette mort :

« *Ce n'est pas ma faute... Ce n'est pas ma faute !* »

Alors Arkel, presque tendrement, le modère :

« *Attention... Attention... Il faut parler à voix basse, maintenant.*
Il ne faut plus l'inquiéter... »

La cellule de l'**émoi irrépressible** vient sous ces mots (po 403), les destinées achèvent leur œuvre. Il leur faut la quiétude pour emmener l'âme de Mélisande.

Arkel accepte. En réflexion d'une lumineuse grandeur, il établit le sens de la finalité humaine. Il regarde, approuve et aime l'âme qui existe parce qu'elle possède le don mystérieux d'exister. Il a la conviction d'une transcendance possible des valeurs humaines. Il admet l'exploration douloureuse de l'être au sein d'un univers encerclé. Il a conscience des voies divergentes offertes à l'homme pour son accomplissement.

Au contact des événements provoqués par Mélisande, le vieillard a reçu en partage une révélation décisive : avant toute chose, l'homme doit consacrer sa vie à la recherche de son âme. Il n'est plus besoin d'explorer les harmonies des mots et de leurs symboles, pulsions de l'inconscient. Il suffit de lire ce que Maeterlinck veut et dit par la voix d'Arkel soutenue par le génie de Debussy :

« L'âme humaine est très silencieuse...
L'âme humaine aime à s'en aller seule...
Elle souffre si timidement.
Mais la tristesse Golaud...
Mais la tristesse de tout ce que l'on voit... oh ! oh ! »

Furtivement la cellule de l'**âme** se libère (po 405). Mélisande meurt. Son âme quitte l'enveloppe terrestre. Les servantes s'agenouillent sans que nul ne les en ait priées. Arkel les voit :

« Qu'y a-t-il ? »

Le médecin, qui ne quittait pas Mélisande du regard, reconnaît la justesse de ce geste :

« Elles ont raison... »

Arkel, désemparé, déplore son aveuglement :

« Je n'ai rien vu. Etes-vous sûr ?... »

Le médecin confirme :

« Oui, oui. »

Arkel se reproche de n'avoir pas su percevoir l'instant suprême :

« Je n'ai rien entendu... si vite, si vite...
Elle s'en va sans rien dire... »

Golaud gémit comme une bête blessée :

« Oh... oh... »

Alors Arkel retrouve la dignité de son stoïcisme :

« Ne restez pas ici Golaud... Il lui faut le silence, maintenant...
Venez, venez... C'est terrible, mais ce n'est pas votre faute... »

Arkel sous-entend par là, les forces obscures qui ont permis le drame.

Il commente l'apparence que Mélisande a présentée pour ceux d'Allemonde, et que seul Pelléas a su franchir :

« C'était un petit être si tranquille, si timide et si silencieux. »

Dépassant la fragilité de l'humain, il universalise Mélisande en symbole :

« C'était un pauvre petit être mystérieux comme tout le monde... »

et sous ces phrases, la cellule de l'**initiation** s'unit aux cellules attribuées à l'**âme**, à la **matière**, à la **vie**... (po 405-406-407-408).

Arkel remarque, presque pour lui-même, les derniers instants qui relient encore Mélisande à son enfant.

« Elle est là comme si elle était la grande sœur de son enfant... »

Il prend la décision de commencer le cycle de l'existence de l'enfant :

« Venez, il ne faut pas que l'enfant reste ici dans cette chambre... »

C'est-à-dire dans ce lieu de la mort initiatique où s'est dépouillée la matière au profit de la naissance de l'âme, mais aussi dans cette salle où commence le travail détruisant la chair, fragile moyen de communication donné à l'âme.

Arkel affirme avec conviction :

« Il faut qu'il vive, maintenant, à sa place »

La cellule de l'**initiation** mêlée à celle de l'**âme,** soutenues toutes deux par la cellule du **recueillement** assurent cette pérennité... (po 408).

Arkel dit l'ultime phrase... :

« C'est au tour de la pauvre petite. »

D'un murmure d'orchestre s'élève une dernière fois la présence du **destin** et quelques notes de l'**énigme de l'âme,** avant qu'Allemonde ne s'en retourne à lui-même.

ÉTUDE COMPARÉE
DU TEXTE DE MAETERLINCK ET
DU LIVRET DE DEBUSSY

Le 8 août 1893, Claude Debussy avait obtenu de M. Maeterlinck l'autorisation de mettre son œuvre en musique. Dès novembre, il se rend à Gand et l'écrivain se montre tout de suite d'accord avec les coupures proposées par le compositeur. Mieux, il lui en indique, selon Debussy, « de très utiles », ainsi, une vingtaine de pages ont été enlevées dans une pièce qui en comportait 160.

ACTE I

SCÈNE 1 - La porte du château

(Scène entièrement supprimée par Debussy).

Cette scène met en présence les **Servantes** du château, celles-là mêmes dont l'avertissement symbolique a prévenu Arkel de la mort de Mélisande et le **Portier,** celui qui possède les « clefs », le « gardien du seuil ».

Elle est comme un rideau qui s'ouvre sur le mystère de l'action et de la réflexion. La porte donne sur l'extérieur du château. L'action est achevée. Ce qui est dit est une conclusion et non un prologue.

Les premiers mots criés par les servantes qui se trouvent à l'intérieur du château sont :

« Ouvrez la porte ! ouvrez la porte »

et le portier qui se trouve symboliquement placé à l'extérieur du château répond par un conseil de facile sagesse :

« Pourquoi venez-vous m'éveiller ?
Sortez par les petites portes, il y en a assez... »

Les **petites portes** sont le symbole des instants rassurants, des réponses immédiates que se donne l'esprit humain. Il est plus facile de se borner aux apparences que d'approfondir le sens de la destinée.

Mais les servantes protestent. Quelque chose est survenu dans le cours de la vie du château qui vient de libérer les gens d'Allemonde et qui mérite la révélation totale :

« *Nous venons laver le seuil, la porte et le perron...* »

Tout le château semble revivre :

« *Il y aura de grands événements...
de grandes fêtes...* »

Et c'est bien une libération, un élan vers le bonheur que l'ouverture de cette porte symbolise. Jusqu'alors, elle s'opposait à tout passage.

« *Elle ne s'ouvre jamais... Je ne sais pas si je pourrais l'ouvrir...
Voici les grandes clefs... Oh comme ils grincent les verrous...
Comme elle crie ! Elle éveille tout le monde...* »

Lorsqu'elle s'ouvre enfin, elle laisse entrevoir l'infini.

« *Oh qu'il fait clair au dehors !...
Le soleil se lève sur la mer !* »

Toutefois, le seuil, cette barrière qu'il faut franchir pour accéder à la lumière est maculé de sang. Il doit être purifié :

« *Apportez l'eau...* »

Mais les souillures qui représentent symboliquement les traces des passions humaines ne pourront jamais disparaître quels que soient les efforts des hommes pour les éliminer et les dépasser :

« *Nous ne pourrons jamais nettoyer tout ceci...
Versez toute l'eau du Déluge, vous n'en viendrez jamais à bout...* »

En établissant ainsi cette scène de conclusion en exergue de son drame, Maeterlinck est fidèle à son système de construction. Il avertit le spectateur et, en lui donnant les clefs du dénouement, recherche l'attention soutenue envers le sujet de méditation proposé.

Debussy reste plus proche de la perception de l'angoisse. Chez lui, la sublimation de l'esprit n'est point révélée par avance. Le spectateur n'est pas rasséréné par la connaissance d'une fin rédemptrice pour l'âme tourmentée. Avec un sens aigu de l'effet théâtral, le compositeur ménage l'intérêt et se refuse à révéler au spectateur l'aboutissement des destinées qui lui sont présentées.

SCÈNE 2 - Une forêt

(Cette scène devient chez Debussy la scène 1.)

Elle présente peu de différence avec la scène écrite par Maeterlinck. Il faut noter seulement des modifications de texte destinées, de toute apparence, à épouser la ligne musicale de manière plus harmonieuse.

Par exemple, se rapportant à la couronne :

« *Elle est tombée tandis que je pleurais* »

devient chez Debussy :

« *Elle est tombée en pleurant* »

SCÈNE 3 - Une salle dans le château

(Scène 2 chez Debussy.)

Ici les modifications pratiquées par Debussy sont plus importantes. Elles tendent, comme la suppression de la première scène, à préserver le mystère des avènements.

Maeterlinck situe davantage la rencontre de Golaud avec Mélisande. Il fait dire par Geneviève :

« Au moment où je l'ai trouvée près des sources,
une couronne d'or avait glissé de ses cheveux,
et était tombée au fond de l'eau. Elle était
d'ailleurs vêtue comme une princesse, bien que
ses vêtements fussent déchirés par les ronces. »

De même il précise :

« J'ai peur du roi... car j'ai déçu, par ce mariage
étrange, tous ses projets politiques et je crains que
la beauté de Mélisande n'excuse pas à ses yeux si sages, ma folie... »

Le nom de Mélisande est prononcé dès cette scène alors que Debussy ne l'incluera dans les paroles d'Allemonde qu'à la fin de la scène suivante.

En réponse à Geneviève :

« Qu'en dites-vous ? »

quelques phrases d'Arkel sont coupées par Debussy et confirment, par leur absence, ce souci de ne pas trop préciser les choses.

« Il a fait ce qu'il devait probablement faire.
Je suis très vieux et cependant je n'ai pas encore
vu clair, un instant, en moi-même ; comment
voulez-vous que je juge ce que d'autres ont fait ?
Je ne suis pas loin du tombeau et je ne parviens
pas à me juger moi-même... On se trompe toujours
lorsqu'on ne ferme pas les yeux pour pardonner ou
pour mieux regarder en soi-même. »

Il est bien évident que si Debussy avait conservé ce texte, les âneries écrites à propos d'Arkel n'auraient jamais vu le jour. Maeterlinck ne croyait pas à la sagesse raisonnée et ce texte le prouve d'abondance. D'ailleurs, dans les échanges qui suivent, Pelléas fait montre d'une intuition qui s'oppose à la prétendue sagesse d'Arkel et il peut sembler dommage que ces nuances aient disparu chez Debussy. Le personnage de Pelléas y gagne (chez Debussy) en « dépendance » du destin ce qu'il perd en « perception » du destin. Pelléas ainsi est davantage le jouet des événements.

Arkel :

« Tu voudrais partir avant le retour de ton frère ?
Ton ami est peut-être moins malade qu'il ne le
croit... »

Pelléas :

« Sa lettre est si triste qu'on voit la mort entre
les lignes... Le voyage est très long et si
j'attends le retour de Golaud il sera peut-être trop tard. »

Donc, en cette scène, quelques modifications capitales et, chez Debussy, involontairement ou non, la modification des caractères archétypés par Maeterlinck.

Chez ce dernier, une prémonition existe chez Pelléas et s'oppose aux raisonnements dérisoires d'Arkel. Chez Debussy, Pelléas est d'abord le témoin des événements.

SCÈNE 4 - Devant le château

(Scène 3 chez Debussy.)

Quelques changements seulement qui n'atteignent que le symbolisme des mots et n'enlèvent rien au fond de la scène. Entre autres, Pelléas précise, en parlant du navire qui a amené Mélisande et Golaud en Allemonde :

« C'est un navire étranger... Il me semble plus grand que le nôtre... »

ce qui sous-entend par le symbolisme des mots une communication venant d'ailleurs chargée de mystères peut-être menaçants.

Après le dialogue hautement symbolique qui suit – et devant le silence des jeunes gens – Geneviève tire la conclusion énigmatique de ce dont elle a été témoin :

« Personne ne parle plus ? Vous n'avez plus rien
à vous dire ? Il est temps de rentrer, etc... »

Mélisande précise :

« J'ai les mains pleines de fleurs et **de feuillages** *»*

Ici Debussy épure les pensées de Mélisande plus que ne l'a fait Maeterlinck. Le **feuillage** étant symbole de protection par l'ombrage, le compositeur dénude l'âme de Mélisande et l'offre sans voile à Pelléas en ne gardant que :

« J'ai les mains pleines de fleurs »

———————

ACTE II

SCÈNE 1 - Une fontaine dans le parc

Là encore, des modifications de mots réclamées par la ligne musicale.

Une ablation qui, chez Maeterlinck, souligne le symbolisme de la fontaine :

« On ne sait d'où elle vient (l'eau).
Elle vient peut-être du centre de la terre »

La notion cosmogonique est ici indéniable.

En cette scène comme en la précédente, Debussy modifie chez Pelléas sa fonction de témoin prémonitoire. Il remplace l'avertissement du jeune homme à Mélisande jouant avec l'anneau que lui a donné Golaud, au-dessus de la fontaine :

« Prenez garde, vous allez le perdre »

ce qui implicite Golaud à l'action ; par :

« Prenez garde, vous allez tomber »

ce qui s'attache uniquement à Mélisande. Ici Debussy est donc plus « Maeterlinckien » que l'écrivain lui-même ! Le changement est heureux qui voit le défi de Mélisande mieux situé dans sa solitude.

SCÈNE 2 - Un appartement dans le château

Une nuance subtile : symboliquement Maeterlinck insiste sur :

« Au douzième coup, il s'effraie subitement (le cheval)
et court, comme un aveugle fou, contre un arbre. »

Dans sa composition, Debussy place une césure différente qui donne :

« et court comme un aveugle, fou contre un arbre »

Le sens en est à peine modifié. Mais Maeterlinck n'avait pas craint d'insister sur l'horrible symbolisme né à la fois de la **folie** et de la **cécité.**

Plus loin, Debussy a coupé une phrase assez importante parce qu'elle contient une sorte de pressentiment angoissé. Golaud dit, chez Maeterlinck :

« J'ai saigné de la bouche, je saignerai peut-être encore... »

Ensuite, les allègements de texte pratiqués par le compositeur, s'ils ramassent l'action, lui font perdre un peu de la précision des caractères.

Mélisande s'adresse nettement à Golaud, chez Maeterlinck :

*« Je ne puis plus vivre ici. Je ne sais pas pourquoi.
Je voudrais m'en aller... Je vais mourir si l'on me laisse ici. »*

Et Golaud marque mieux que chez Debussy les limites de sa compréhension. Le drame de l'incommunicabilité s'établit plus fortement :

« *Si tu ne me dis rien, que veux-tu que je fasse.*
Dis-moi tout et je comprendrai tout. »

De même, lorsque Mélisande laisse sourdre son trouble envers Pelléas :

« *Il ne m'aime pas, je crois...* »

Golaud manifeste une stupidité supérieure à la fois envers Mélisande et envers Pelléas :

« *Maintenant il est triste ; Il songe à son ami Marcellus,*
qui est sur le point de mourir et qu'il ne peut pas aller voir... »

En humanisant Golaud, Debussy a fait basculer le personnage vers un côté sympathique qu'il n'a pas chez Maeterlinck (le compositeur avait déjà agi ainsi envers Arkel). On peut le regretter car la pièce prend parfois un tour mélodramatique en faisant rejoindre à Golaud le clan des bafoués, mais ce qui est perdu ainsi est toutefois compensé par la plus grande gamme des sentiments qui se devinent.

SCÈNE 3 - Devant une grotte

En cette scène, comme dans les précédentes, les coupures pratiquées par Debussy, si elles permettent à l'atmosphère de mieux se créer autour des protagonistes, enlèvent à l'auditeur les barrières qui lui permettraient de ne pas dévier du sens de ce qui est exposé.

Nous sommes en plein mystère de l'inconscient en cette scène. Chez Debussy, Pelléas reste en deçà de Mélisande. Il semble que seule la jeune femme soit concernée par cette démarche. Chez Maeterlinck, Pelléas prononce des phrases dont les résonnances ne laissent pas planer l'équivoque. Le symbolisme de la grotte (l'inconscient) est établi profondément et avec précision par Pelléas :

« *Elle est très grande et très belle. Il y a des stalactites*
qui ressemblent à des plantes et à des hommes...
On ne l'a pas encore explorée jusqu'au fond.
On y a, paraît-il, caché de grands trésors.
Vous y verrez les épaves d'anciens naufrages.
Mais il ne faut pas s'y engager sans guide.
Il en est qui ne sont jamais revenus.
Moi-même, je n'ose pas aller trop avant.
(Cette phrase est capitale pour la compréhension de Pelléas qui s'arrête, apeuré, devant les signes que le destin lui donne...)
Voyez, je crois que le ciel va s'ouvrir. Est-ce
le bruit de la grotte qui vous effraie ? C'est
le bruit de la nuit ou le bruit du silence... »

L'absence de ces phrases serait regrettable s'il n'y avait la musique de Debussy créant le mystère et l'angoisse...

Nous avons là une manifestation flagrante du génie musical de Debussy qui a su se priver de formulations littéraires précises afin de mieux produire une atmosphère oppressante et insoutenable parce qu'elle demeure floue.

SCÈNE 4 - Un appartement dans le château

Cette scène a été complètement supprimée par Debussy, de même que la scène 1 qui débute chez Maeterlinck l'acte troisième.

Vraisemblablement leur maintenance eut ralenti l'action et allongé considérablement l'opéra, mais on peut regretter l'abandon ainsi provoqué de quelques situations et phrases importantes, en particulier pour Arkel (Acte II - scène 4) et Yniold (Acte III - scène 1).

La scène 4 supprimée met en présence Arkel et Pelléas. Arkel fait allusion au voyage de Pelléas auprès de son ami Marcellus, au père de Pelléas qui semble perdu, aux troubles qui agitent le royaume d'Allemonde ; ceci pour mettre en garde Pelléas contre un départ précipité.

Arkel place les signes que le destin donne aux hommes au niveau des principes créés par la raison et l'enseignement qu'il donne à Pelléas révèle, en fin de compte, son impuissance à saisir le langage de la vie :

« Si l'activité et le devoir se trouvent sur les routes,
on les reconnaît rarement dans la hâte du voyage.
Il vaut mieux les attendre sur le seuil et les faire
entrer au moment où ils passent ; et ils passent tous
les jours. Vous ne les avez jamais vus ? Je n'y vois
presque plus moi-même, mais je vous apprendrai à voir ;
(au moyen de la raison ?) *et vous les montrerai le jour où*
vous voudrez leur faire signe. Mais... Vous devez
savoir mieux que moi les événements que vous devez
offrir à votre être ou à votre destinée. Je vous
demanderais seulement d'attendre (pour partir) *que*
nous sachions ce qui doit arriver avant peu... »

Puis en réponse à Pelléas qui demande :

« Combien de temps faudra-t-il attendre ? »

Arkel précise :

« Quelques semaines, peut-être quelques jours... »

Arkel sait donc qu'il ne peut « prévoir » et qu'il doit se borner à « constater ».

ACTE III

SCÈNE 1 - Un appartement dans le château

Cette scène qui suit celles, primordiales, de la grotte (conservée par Debussy) et de la conversation entre Arkel et Pelléas (supprimée par Debussy) met en présence Pelléas, Mélisande et Yniold. On y mesure combien Yniold répond à la croyance qu'avait Maeterlinck envers les enfants en qui il voyait les « avertis du destin ».

Yniold, au comble de l'angoisse, prévient par ses pressentiments Mélisande de périls inconnus - et de sa mort :

« Petite mère, vous allez partir, je l'ai vu... je l'ai vu... »

et Pelléas, dans cette atmosphère trouble, « observe par la fenêtre »... (symbole de l'enseignement éperdument recherché) :

« Les cygnes se battent contre les chiens... »

à quoi Yniold répond :

« Oh ! ils chassent les chiens... oh l'eau...
les ailes... Ils ont peur... »

Cette phrase est l'une des multiples clefs déposées par Maeterlinck tout au long de l'ouvrage pour rappeler au spectateur/lecteur attentif combien l'âme agressée par les passions doit subir de tourments pour s'élever vers la révélation.

Le chien est doté d'un symbole très complexe. « Lié à la trilogie des éléments terre-eau-lune, dont on connaît la signification fondamentale aussi bien pour le concept d'inconscient que pour celui du subconscient » (57), il relève de la Mort dans toutes les mythologies, des enfers, des empires invisibles. Bénéfique lorsqu'il est guide de l'homme, il peut devenir maléfique lorsqu'il est apparenté au loup (ce qui est caractéristique en Allemonde) il devient alors symbole de jalousie destructrice.

Le cygne est un symbole hermaphrodite selon Bachelard (58). Féminin dans la contemplation des eaux lumineuses, il est masculin dans l'action. Tous les mythes le reconnaissent comme un symbole de lumière. Celle du jour est solaire et mâle - celle de la nuit est lunaire et femelle. Cette ambiguïté en fait un mystère sacré.

Yniold pressent la mort :

« Oh petite mère... j'ai vu quelque chose à la fenêtre... »

Ni Mélisande ni Pelléas ne voient rien et Yniold constate :

« Elle n'y est plus »

Qui ? Elle : la Mort ?...

Pelléas barbutie plus qu'il ne répond :

« Il ne sait plus ce qu'il dit...
Je crois qu'il s'endort tout à fait... »

Puis Yniold court à la rencontre de Golaud qui revient de la chasse. L'enfant se saisit d'une **lampe,** constate que Pelléas et Mélisande ont **pleuré** tous les deux dans l'**obscurité** cependant que Golaud, incapable de comprendre le sens de ce qu'il voit, dit à l'enfant :

« Ne leur met pas ainsi la lumière sous les yeux »

Donc, voici deux scènes de la plus haute importance quant à leur valeur de précision dans le comportement psychologique des personnages, supprimées par Claude Debussy. Il faut bien reconnaître que leur maintien n'aurait rien ajouté à l'atmosphère générale et Debussy a eu raison de suggérer, en ces moments, plutôt que de garder le froid discernement de Maeterlinck. Où l'écrivain manie le symbolisme comme un terrible scalpel révélateur, le musicien prolonge par la magie des sons tout ce que les mots ne pouvaient qu'approcher des angoisses ressenties.

SCÈNE 2 – Une des tours du château

(Cette scène est la scène 1 du IIIe acte chez Debussy)

Elle se situe sur un chemin de ronde qui passe sous une des fenêtres du château.

On connaît le remplacement de la chanson qui ouvre la scène. Il faut reconnaître que la provocation triomphante :

« Mes longs cheveux descendent jusqu'au seuil de la tour... (etc) »

est autrement forte que la chanson des « Trois Sœurs Aveugles ».

La scène est presque, à quelques phrases près, intégralement reproduite par Debussy. Et, surtout, son sens ne subit aucune altération, mieux, Claude Debussy se montre là fin littérateur en éliminant l'emphase de certaines tournures. Par exemple :

« J'embrasse tes cheveux... »

à la place de :

« Je t'embrasse toute entière en baisant tes cheveux... » !

SCÈNE 3 – Les souterrains du château

(Scène 2 chez Debussy).

Ici, Debussy concentre l'action en quelques phrases. S'il obtient ainsi par ce laconisme une force considérable, il supprime par contre d'intéressantes précisions se rapportant à la société d'Allemonde, comme aux problèmes propres à Pelléas.

« Ils sont prodigieusement grands (les souterrains) ;
c'est une suite de grottes énormes qui aboutissent,
Dieu sait où. Tout le château est bâti sur ces grottes...»
« Sentez-vous l'odeur mortelle qui règne ici ?...

on dirait une odeur de tombeau... C'est elle qui,
certains jours, empoisonne le château. Le Roi ne
veut pas croire qu'elle vient d'ici... Il faudrait
faire murer la grotte où se trouve cette eau morte.
Il serait temps d'ailleurs d'examiner ces souterrains.
Avez-vous remarqué les lézardes dans les murs et les
piliers des voûtes ? Il y a ici un travail caché
qu'on ne soupçonne pas ; et tout le château s'englou-
tira une de ces nuits, si l'on n'y prend pas garde.
Mais... personne n'aime à descendre jusqu'ici...
Il y a d'étranges lézardes dans bien des murs... »

Chez Debussy le drame se circonscrit entre Golaud et Pelléas. Chez Maeterlinck, c'est toute la dérisoire société d'Allemonde qui est ainsi décrite, minée par les sourdes atteintes des consciences.

SCÈNE 4 – Une terrasse au sortir des souterrains

(Scène 3 chez Debussy)

La différence la plus importante existant entre les deux scènes est l'intéressante précision apportée, chez Maeterlinck, par Golaud et Pelléas sur l'heure de leur descente dans les souterrains : 10 heures 30, selon Pelléas ; 11 heures, selon Golaud ; cette différence montrant combien, dans la perception de la voie où s'aventure Pelléas, Golaud, averti par sa jalousie, est plus en avance que Pelléas qui demeure naïvement perdu en ses émois.

L'heure de la lumière, Midi, est exprimée en repère de ces heures volontairement dissociées.

La fin de la scène voit la suppression – heureuse – par Debussy d'une allusion d'un pesant symbolisme évoquant les troupeaux (des hommes) conduits vers le boucher et opposés – animaux sièges des passions – aux moissons, végétaux dressés vers le ciel.

SCÈNE 5 – Devant le château

(Scène 4 chez Debussy).

Les quelques phrases supprimées ne modifient pas le sens général de la scène mais au contraire la rendent plus directe et plus acérée.

Il faut remarquer toutefois l'impatience de Golaud devant la psychologie de l'enfance :

« Réponds à ce que je te demande.
Tu dois apprendre à parler... il est temps. »

La fin de la scène :

« Nous allons voir ce qui est arrivé. »

semble rejoindre ce qu'exprimait Arkel à Pelléas :

« *Je vous demanderais d'attendre que nous sachions*
ce qui doit arriver sous peu. »

Chez Debussy la scène d'une intensité dramatique considérable reste dans le domaine des idées, alors que Maeterlinck ne craint pas les allusions directes :

« *Et le lit ? Sont-ils près du lit ?...*
Ils ne font pas de gestes ?
Ils ne bougent pas encore ? »

Debussy avait mis en musique :

« *Nous allons voir ce qui est arrivé* » (15 mesures)

de même que :

« *Et le lit ? etc...* » (15 mesures).

Ces trente mesures ont été supprimées dès les premières représentations. L'allusion au « lit » avait indigné les spectateurs vertueux et, sans doute, les quelques mots prononcés par Golaud après son « viens » déchirant avaient été jugés comme affaiblissant l'effet théâtral.

ACTE IV

SCÈNE 1 – Un corridor dans le château

En coupant ce que Maeterlinck a écrit, Debussy modifie une fois de plus le personnage de Pelléas en le privant de ses pressentiments :

« *Ce matin j'avais le pressentiment que cette journée*
finirait mal. J'ai depuis quelques temps un bruit
de malheur dans les oreilles... Je suis plein de
joie et l'on dirait que j'ai tout le poids du ciel
et de la terre sur le corps. »

Enfin Debussy coupe une singulière phrase prononcée par Pelléas après :

« *Va-t-en, séparons-nous. J'entends parler derrière cette porte...* »

Il s'agit de :

« *Ce sont les étrangers qui sont arrivés au château ce matin...*
Ils vont sortir... Allons-nous en ; ce sont les étrangers »

C'est-à-dire « ceux qui venus d'ailleurs » sont des rivaux potentiels car, inconnus, ils peuvent être bénéfiques ou maléfiques et représentent une menace possible, donc une angoisse.

SCÈNE 2 - Un appartement dans le château

Aucune modification importante ne vient changer ce qui a été établi par Maeterlinck. Quelques phrases enlevées ne sont en fait que la répétition de symboles exprimés dans des scènes précédentes.

Arkel dit :

> *« Tu arrivais ici, toute joyeuse comme un enfant*
> *à la recherche d'une fête, et au moment où tu entrais*
> *dans le vestibule je t'ai vue changer de visage,*
> *et probablement d'âme, comme on change de visage,*
> *malgré soi, lorsqu'on entre, à midi,*
> *dans une grotte trop sombre et trop froide... »*

SCÈNE 3 - Une terrasse du château

Une seule modification à souligner qui voit Yniold préciser que :

> *« Les petits moutons... sont déjà au grand carrefour »*

et qu'ils :

> *« ne savent plus où aller »*

mais cela n'enlève rien au sens de la scène.

SCÈNE 4 - Une fontaine dans le parc

Une phrase insérée dans la scène, par Maeterlinck :

> *« On est triste, souvent, quand on s'aime... »*

est supprimée par Claude Debussy comme les quelques phrases qui suivent cette constatation, et qui ne faisaient qu'alourdir les aveux des jeunes gens. Pelléas :

> *« Je ne t'aimais pas la première fois que j'ai vue »*

Mélisande :

> *« Moi non plus... j'avais peur... »*

Pelléas :

> *« Je ne pouvais pas regarder tes yeux. Je voulais*
> *m'en aller tout de suite... et puis... »*

Mélisande :

> *« Moi je ne voulais pas venir...*
> *J'avais peur de venir... »*

Pelléas :

« Il y a tant de choses qu'on ne saura jamais... »

Rien de décisif pour l'atmosphère générale. Mais il faut à la représentation tenir compte de l'existence de ces émois lors de la première rencontre de Pelléas et de Mélisande, dans les jardins.

A la fin de cette scène se place une différence curieuse mais très importante entre le livret de l'ouvrage et l'édition originale de la pièce. Dans le livret établi par Claude Debussy (38), Pelléas appelle sur lui les étoiles qui tombent des cieux et les illuminent :

« Toutes, toutes »

Les cris sensuels de Pelléas :

« Encore... Donne »

auxquels répond l'abandon de Mélisande :

« Toute ! toute ! toute ! »

ne se trouvant que dans la pièce de Maeterlinck et dans la partition.

Il semble donc que Debussy, après s'être voulu plus symboliste que Maeterlinck (cf. le livret), se soit rallié à la forme exacerbée voulue par l'écrivain (cf. la pièce et la partition) !

ACTE V

SCÈNE 1 - Une salle basse dans le château
(supprimée par Debussy).

Elle évoque la toute première scène du drame (également supprimée par Debussy).

Neuf servantes, celles de la scène 1, y dialoguent en attendant le moment d'aller dans la chambre où meurt Mélisande. Elle sont le symbole des liens qui unissent grégairement et mystérieusement les êtres d'une société. Auprès d'elles jouent des enfants « avertis du destin ».

Elles attendent, commentant le drame qui vient de se jouer :

« On dirait qu'ils ont commis le crime tous ensemble...
Ils se taisent tous... Ils ont peur de nous maintenant... »

L'une d'elle révèle, malgré la conspiration du silence voulue par les maîtres d'Allemonde :

« *C'est moi qui les ai trouvés... Ils étaient tous les*
deux étendus devant la porte. Tout à fait comme des
pauvres qui ont faim... Ils étaient serrés l'un contre
l'autre comme des petits enfants qui ont peur...
La petite princesse était presque morte, et le grand Golaud
avait encore son épée dans le côté (donc il
avait tenté de se tuer... ?). *Il y avait du sang sur*
le seuil... J'ai tout vu... (Mélisande avait) *une toute*
petite blessure sous son petit sein gauche ? Une petite
blessure qui ne ferait pas mourir un pigeon... Elle
a accouché sur son lit de mort...
(Quand à Pelléas) *on l'a trouvé au fond de la fontaine*
des aveugles... Mais personne n'a pu le voir... Voilà...
on ne saura tout cela qu'au dernier jour... »

Tout à coup les enfants se taisent, mystérieusement avertis de l'approche de la mort, et la même servante dit :

« *Venez, il est temps de monter* »

Parce qu'il avait ménagé le mystère du dénouement de l'œuvre en supprimant la première scène, Debussy n'a pas voulu s'appesantir sur toutes les circonstances entourant la mort de Mélisande et de Pelléas.

Comme il a eu raison et comme devient poignante cette mort qui semble ainsi encore plus irréelle et plus inacceptable.

SCÈNE 2 *(devenue chez Debussy la scène unique de l'acte cinquième).*

Quelques phrases seulement sont coupées qui allègent ainsi le texte mis presqu'intégralement en musique.

———

EN CONCLUSION

Debussy, par ses transformations, a fait gagner à l'œuvre en mystère et en atmosphère, ce qu'elle perd en précision. La musique transcende le texte mais l'action perd le corps de la construction nette et sans équivoque établie par Maeterlinck.

Debussy a rendu flous certains personnages (Golaud – Pelléas – Arkel), par contre il a permis à Mélisande de mieux se révéler en surgissant avec pureté de l'abondance symbolique trop rigoureuse bâtie par Maeterlinck.

Le texte symbolique en perdant de sa vigueur est devenu parfois puéril et, partant, plus caricatural. On comprend mieux les critiques dont il a été l'objet. En connaissant le livret seul de l'opéra, on doute des déclarations de Ghelderode (voir infra p   ) mais celles-ci retrouvent toute leur valeur en relisant la pièce de Maeterlinck.

Il ne faut pas perdre de vue que le caractère de l'ouvrage **intégral** était familier en intentions à Debussy. C'est donc à l'interprétation théâtrale de restituer l'esprit même de ces interrogations angoissées, car il est facile, en s'éloignant des idées de Maeterlinck de s'éloigner aussi des idées de Debussy. Ce dernier n'a pas fait que « greffer » son rêve musical sur l'univers créé par l'écrivain. En épurant le drame avec perspicacité, il en a fait suinter l'angoisse tout en la baignant de poésie. On arrive à cette constatation que les aménagements établis, en resserrant l'action, ont donné en aboutissement une pièce dramatique plus passionnelle que le drame original. Pourtant, la connaissance de ce dernier est nécessaire à qui veut ne pas se fourvoyer dans les pièges d'une compréhension de l'œuvre se bornant au raffinement des formes propres au compositeur.

APRÈS PELLÉAS

En 1959, dix ans après la mort de Maurice Maeterlinck, paraissait le premier tome de son théâtre inédit. Trois pièces s'y trouvent réunies : « L'Abbé Setubal », « Les Trois Justiciers », « Le Jugement Dernier » (59). Seule la première fut jouée sur manuscrit à Lisbonne en 1941 ; les autres demeurèrent inconnues et la dernière présente une étrange association avec son aînée de cinquante ans, « Pelléas et Mélisande ».

L'action du « Jugement Dernier » se déroule dans un cimetière. Ceux que Dieu a choisis sortent des tombeaux et, dans l'attente de la Parole Suprême, commentent l'événement qu'ils subissent. Leur étonnement premier est que les morts ne sont pas tous ressuscités et cette ségrégation leur est incompréhensible. Chacun reprend son existence au point où il l'avait laissée. Les Archanges libérateurs leur apprennent qu'ils ont déjà été jugés puisqu'ils revivent et que ce jugement s'est fait en eux, à leur insu. La mort est purificatrice et permet la lente transformation de l'être. Toutefois, les morts ne ressuscitent pas tous au même degré de connaissance. Les Archanges invitent les ressuscités à se remémorer leur vie avant de recevoir la grâce qui transfigurera leur âme. Ils révèlent que bien des morts ne sont pas là parce que leur cheminement vers la lumière n'est pas achevé. Pourquoi ? Cela est le secret de Dieu... Dans cette pièce-testament, Maurice Maeterlinck met le point final aux thèmes qui furent la substance de son œuvre. Il y réaffirme sa croyance en la permanence de l'Esprit : « *Je pense que plusieurs d'entre vous ne savent pas encore qu'ils étaient morts et qu'ils sont ressuscités, c'est-à-dire qu'une existence nouvelle est commencée pour eux. Une puissance spirituelle qu'ils ignoraient va s'éveiller et voir enfin dans un sourire ce que l'œil de l'homme n'avait jamais espéré...* » Les Archanges tiennent des propos dont la religiosité subversive serait suspecte à plus d'un théologien, mais « *ce qui pourrait être une hérésie dans l'Eglise militante devient une vérité dans l'Eglise triomphante* ».

Une douce atmosphère d'apaisement et de pardon baigne l'œuvre. Manifestement celle-ci n'est qu'une longue thèse dialoguée destinée à être lue et non représentée.

L'écriture employée par Maeterlinck annonce la verve incisive de Michel de Ghelderode et l'on ne peut s'empêcher de se rappeler les déclarations de ce dernier : « *Il y a trace de l'influence de mon compa-*

triote Maurice Maeterlinck, *"La Mort de Tintagile", "Intérieur", "Pelléas et Mélisande", dans quelques-unes de mes pièces,... "Sire Halewyn", entre autres."* C'est matière à réflexion que de voir « Sire Halewyn », œuvre de soufre et de sang, ainsi comparée à « Pelléas » par l'auteur des « Fastes d'Enfer » qui s'y connaissait en métaphysique !

Le rapprochement est révélateur. Les deux écrivains vivaient en perpétuelle interrogation du sens de la vie et du pourquoi de ce tragique que nous subissons sans le comprendre. Si Ghelderode fait toujours dépendre les mystères de l'au-delà d'un enfer sulfureux que Maeterlinck ne veut pas admettre sans rémission, leur identité n'en est pas entamée pour autant et ce n'est pas la moindre des surprises apportées par l'exploration systématique de la pensée de Maeterlinck. Ce en quoi il rejoint les tourments de Claude Debussy envers le tragique quotidien.

« Le Jugement Dernier » est construit afin d'amener la dernière péroraison de l'Archange Gabriel s'adressant aux Ressuscités : *« ...Vous allez entrer dans l'éternel silence où ne parle plus que l'Esprit... L'homme a fini sa mort et commence sa vie... »* La dernière image de la pièce favorise la réflexion ; sur le rideau de scène brusquement abaissé, on lit l'inscription qui surmonte la grille d'entrée du cimetière de Palm Beach : *« La Mort est trop universelle pour n'être pas une bénédiction ».*

La toute puissante Mort est ainsi affermie dans sa fonction d'inéluctable accès vers la rédemption. La Vertu qui lui est attribuée est transcendantale. Et ce disant, Maeterlinck ne renie pas Villiers qui, dans son œuvre maîtresse « Axël » vibrait à l'unisson des archétypes éternels en s'accordant avec Eliphas Lévi : *« apprendre à vaincre, c'est donc apprendre à vivre... Résister à la Nature et la dompter, c'est se faire une vie impersonnelle et impérissable, c'est s'affranchir des vicissitudes de la vie et de la mort »* (60).

Parce que l'Initiation favorise cet affranchissement, son Symbolisme reste identique, quelles que soient les sociétés qui la pratiquent, et se rapporte toujours à la mort. Maurice Maeterlinck place donc « Le Jugement Dernier » dans un macabre amoncellement de mausolées, croix et tombes entr'ouvertes. Le sens initiatique de la pièce est affirmé sans équivoque tant les éléments spirituels et visuels sont rassemblés. La banalité des apparences préserve la puissance des thèmes. On s'englue dans cette société de grisaille et de médiocrité lorsqu'au détour du texte renaissent de la plus inattendue des façons, choisis par Maeterlinck parmi tous les personnages de ses œuvres précédentes pour venir s'établir au rang des mythes, Pelléas accompagné de Mélisande. Leur apparition est brève. A peine ont-ils eu le temps de s'interroger sur leur passé et de souligner l'éternelle solitude de l'amour comme la pérennité de l'idéal *(« Nous sommes seuls... Nous étions seuls aussi là-bas... Mais nous vivons pour toujours... »)*, qu'ils disparaissent. Pourquoi ? Seuls de tous les protagonistes on ne les voit pas reparaître à l'ultime moment de la grande Révélation donnée par les Archanges. Que signifie ce passage suivi de cette absence ? L'écrivain ne se livre à aucun développement explicatif ; il réitère simplement la situation intuitive privilégiée de Mélisande par rapport à Pelléas. Ce dernier, comme dans « Pelléas et Mélisande », s'exprime en retrait de perception. Il faut connaître le souci qu'avait Maurice Maeterlinck de donner à chaque mot comme à chaque action et à chaque enchaînement de ses œuvres les plus profondes significations (61) pour conclure à l'évidence : **Pelléas et Mélisande n'ont pas besoin d'attendre la Révélation parce qu'ils se trouvent déjà en possession de la Connaissance.** La Lumière de l'esprit, l'éblouissement de l'âme leur a été accordé et cette faveur n'a pu s'établir qu'au moment de la mort, en achèvement de leur passion et de leurs interrogations.

Ainsi, Maeterlinck, à la fois proche de Novalis et de Villiers, peut-il affirmer : **par la grâce de l'amour, l'âme atteint la Révélation en triomphant du destin.**

L'amour de Pelléas et Mélisande est donc fondé sur les plus hautes identifications spirituelles, celles mêmes qui faisaient achever par Maeterlinck, à la fin de sa longue existence, le cycle de ses méditations en revenant à la pureté de ses premières et mystiques inspirations.

« Pelléas et Mélisande » n'est pas seulement une pièce de l'angoisse, de la fatalité et du malheur humain, même si « *les malheurs qu'elle contient n'ont pas de responsables réels... La faute en est à l'irrationalité du destin créateur... à la mystérieuse dérision du hasard. La cause du malheur n'est pas la jalousie elle-même, cause empirique, mais la misère humaine, cause métempirique...* » (62). Le sens de son devenir est situé bien au-delà du visible, dans les régions nébuleuses où le conscient s'abolit.

Debussy, en épousant étroitement le sens caché de l'œuvre (et il faut se remémorer le prodigieux travail des « cellules »), a fait apparaître au grand jour l'espoir ineffable qui y est contenu. Avec un pressentiment total de ce que deviendrait le cheminement de la pensée Maeterlinckienne, il a devancé et annoncé « L'Oiseau Bleu ». A l'image de celui-ci, « Pelléas et Mélisande » est, au bout de son cheminement, une pièce du bonheur possible parce que sa régénérescence contient l'espoir.

Pour choisir une œuvre aussi complexe et la projeter de cette manière au firmament, il fallait un regard incomparable, un pouvoir de perception prodigieux vibrant à l'unisson des univers les plus hermétiques.

On sait la diversité des lectures de Debussy ; la qualité des amis qu'il fréquentait. Ses facultés d'assimilation et de méditation devaient être exceptionnelles et la projection de son « anima » sur les femmes qu'il aimait prouve assez l'expression des forces créatrices « mutantes » qui l'impulsaient. Il était vraiment le Génie, le Génius, la divinité tutélaire qui régnait sur un monde, celui de son esprit.

« *Debussy est peut-être le seul musicien qui appartient autant au domaine de la posésie qu'à celui de la musique* » (63). Toute son œuvre est là pour affirmer qu'il atteignait aux sphères où tout est confondu... (64).

Après tout, peut-être n'était-il cette énigme dont parlait Massenet que pour mieux préserver, à l'image de Mélisande elle-même semblable aux grandes héroïnes interrogatrices de la vie et de la mort, ce qu'il cachait tant de son besoin d'absolu, de sa rigueur, de sa tendresse.

Tournon-sur-Rhône,
Août 1981.

NOTES ET RÉFÉRENCES

(1) In *Panorama de la Musique,* n° 8, juillet, Paris, 1975.

(2) Claude DEBUSSY, *Lettre à son éditeur,* citée in extenso dans les lettres réunies par François LESURE, Hermann, Paris, 1980.

(3) Claude DEBUSSY, *Monsieur Croche et autres écrits,* Gallimard, Paris, 1971 (réédition).

(4) Ibid.

(5) Ibid.

(6) Ibid.

(7) Voir à ce propos les analyses remarquables de Françoise GERVAIS, Antoine GOLEA, Vladimir JANKELEVITCH, Charles KOECHLIN, etc. et, bien entendu, Maurice EMMANUEL (cités en bibliographies).

(8) Charles KOECHLIN, « Debussy », Revue musicale n° 7, Paris, 1926.

(9) PELADAN, homme de beaucoup de talent et d'érudition, écrivain de race, éprouvait un besoin pathologique d'attirer sur lui l'attention. F. GRECH l'a bien jugé : « Il est maintenant méconnu parce qu'il a trop voulu se faire connaître ».

(10) En 1870, VILLIERS DE L'ISLE ADAM n'avait pas hésité, en compagnie de CATULLE-MENDÈS à rendre visite à MALLARMÉ, professeur au Lycée de Tournon-sur-Rhône. De ce séjour, VILLIERS avait rapporté les premières vues d'Axël.

(11) Jean-Claude FRÈRE, *Vie et Mystère des Rose-Croix,* Mame, Paris, 1973.

(12) Hargrave JENNING, *The Rosicrucians, their rites and mysteries,* London, 1970.

(13) Gisèle MARIE, *Le Théâtre Symboliste,* Nizet, Paris, 1973 (très intéressante étude).

(14) Sur l'intérêt que porta toute sa vie WAGNER à la Franc-maçonnerie, lire *Parsifal, opéra initiatique,* de Jacques CHAILLEY, Buchet-Chastel, 1979. Du même auteur, voir également *La Flûte Enchantée, opéra maçonnique,* Laffont, 1968.

(15) Edouard DUJARDIN, *Revue Wagnérienne,* Paris, 8 janvier 1886.

(16) Je n'ai pas pu savoir si MAETERLINCK connaissait William BUTLER YEATS (1865-1930), prix Nobel de littérature comme lui, Irlandais et grand initié, dont toute l'œuvre est comme l'écho de celle de MAETERLINCK, à moins que ce ne soit le contraire ! Dès que l'on approfondit cette époque, on rencontre des coïncidences tellement troublantes qu'il semble bien que tous ces personnages sont reliés par autre chose que des tendances.

(17) Charles BAUDELAIRE, *Introduction aux Contes d'Edgar POE,* Editions diverses.

(18) Marcel POSTIC, *Maeterlinck et le Symbolisme,* Nizet, Paris, 1970.

(19) Victor-Emile MICHELET, *les Compagnons de la Hiérophanie,* Dorbon Aîné, Paris, 1931.

(20) Jean-Claude FRÈRE, *op. cit.*

(21) Maurice MAETERLINCK, *Bulles Bleues,* Rocher, Monaco, 1948.

(22) Stefan JAROCINSKY, *Debussy, Impressionisme et Symbolisme,* Seuil, Paris, 1971.

(23) Voir à ce sujet l'opinion d'Edmond BAILLY, rapportée par V.-E. MICHELET, *op. cit.*

(24) S. JAROCINSKY, *op. cit.*

(25) Claude DEBUSSY, Lettre à Monsieur Vasnier, Rome, 4 juin 1885.

(26) Claude DEBUSSY, *Monsieur Croche et autres écrits, op. cit.*

(27) J. VAN ACKERE, *Pelléas et Mélisande,* Laconti, Bruxelles, 1952.

(28) Henri BARRAUD, *Les cinq grands opéras,* Le Seuil, 1972.

(29) Claude DEBUSSY, *op. cit.*

(30) Henry CORBIN, *L'Imagination créatrice dans le Soufisme d'ibn Arabi,* Paris, 1958.

(31) C.G. JUNG, *Problèmes de l'Ame Moderne,* Buchet-Chastel, Paris, 1961.

(32) Cité par Jean CHEVALIER et Alain GHEERBRANT, *Dictionnaire des Symboles,* Seghers, 1973 (4 vol.) qui constitue une très remarquable synthèse et auquel il sera fait référence souvent.

(33) Gaston BACHELARD, *L'eau et les Rêves,* Corti, Paris, 1943.

(34) KANDINSKY, *Du spirituel dans l'Art,* Denoël, Paris, 1969 (rééd.).

(35) Louis SCHNEIDER, *Debussy,* Revue d'Histoire et de Critique Musicale, Paris, 1902.

(36) Claude DEBUSSY, *op. cit.*

(37) Edward LOCKPEISER, *Debussy et l'Evolution de la Musique au XXᵉ siècle,* C.N.R.S., Paris, 1965.

(38) Pour toutes les partitions : DURAND & Cie, Propriétaires Editeurs, 21, rue Vernet, 75008 Paris. Pour le livret : FASQUELLE-GRASSET, 61, rue des Saints-Pères, 75006 Paris.

(39) Françoise GERVAIS a maintes fois analysé l'écriture de DEBUSSY ; lire son étude capitale dans « La Revue Musicale », n° 258, Paris, 1964.

(40) Dans le *Trésor des Humbles,* au chapitre « sur les femmes », MAETERLINCK écrit : « il semble que la femme soit plus que l'homme sujette aux destinées. Elle les subit avec une simplicité bien plus grande. Elle ne lutte jamais sincèrement contre elles... Et c'est pour cette raison sans doute, que tous les éléments où elle se mêle à notre vie paraissent nous ramener vers quelque chose qui ressemble aux sources mêmes du destin... Elle nous rapproche des portes de notre être ». On peut rapprocher de ce texte ce qu'écrit JUNG dans *La Dialectique du Moi et de l'Inconscient :* « Toute la nature de l'homme présuppose la femme et sa nature aussi bien physiquement que psychiquement. Le système vivant appelé homme est *a priori* adapté à la femme... de la même façon qu'il est préparé à vivre dans un certain monde où se rencontreraient l'eau, la lumière, l'air, le sel, les hydrates de carbone, etc. Dans l'inconscient de l'homme, il réside de façon héritée, une image collective de la femme... (qui) avec sa psychologie si différente de l'homme est pour lui – et a toujours été – une source d'informations sur des chapitres à propos desquels l'homme n'a ni regard, ni discernement. Elle peut être pour lui la source d'inspiration ; ses potentialités d'intuition souvent supérieures à celles de l'homme peuvent lui indiquer des voies qui resteraient fermées au sentiment de l'homme ».

(41) MAETERLINCK, *op. cit.*

(42) Sur le Symbolisme, voir la bibliographie (infra) et en particulier CHEVALIER/GHEERBRANT, *op. cit.*

(43) C.G. JUNG, *L'Homme et ses Symboles,* Paris, 1964.

(44) Voir l'histoire du berger GYGES dans *La République* de PLATON.

(45) G. BACHELARD, *op. cit.*

(46) G. BACHELARD, *La psychanalyse du Feu,* Paris, 1965.

(47) Voir TEILHARD DE CHARDIN, *La place de l'Homme dans la Nature,* Albin-Michel, Paris, 1965.

(48) Comme chez SHAKESPEARE, la durée du temps n'existe pas logiquement chez MAETERLINCK.

(49) Marcel POSTIC, *op. cit.*

(50) Michel COURNOT, *Le Nouvel Observateur*, n° 80, Paris.

(51) Jacques LONGCHAMPT, *Le Monde*, 4 juillet 1974.

(52) « Dès que les lèvres dorment, les âmes se réveillent et se mettent à l'œuvre, car le silence est l'élément plein de surprises, de dangers et de bonheur dans lequel les âmes se possèdent librement. Si vous voulez vraiment vous livrer à quelqu'un, taisez-vous ; et si vous avez peur de vous taire avec lui, fuyez-le, car votre âme sait déjà à quoi s'en tenir. » M. MAETERLINCK, in « Le Silence » dans *Le trésor des Humbles, op. cit.*

(53) MAETERLINCK avait des convictions proches du « socialisme » et de ce que l'on appelle aujourd'hui « l'Ecologie ». Voir à ce propos les journaux : *Le Temple*, n° 272, dimanche 29 septembre 1929 ; *La Nation Belge*, 14 août 1930, Bruxelles, et le *Maurice Maeterlinck* d'Alex PASQUIER, Figuière, Paris, 1929. Il est intéressant de rapprocher de ces opinions les déclarations de Claude DEBUSSY « pour le peuple, l'éducation artistique du public contemporain ». « Du respect dans l'art », toutes chroniques in *Monsieur Croche..., op. cit.*

(54) Dans la partition d'orchestre de poche (éd. 1971), cette phrase musicale n'a pas été imprimée. Il faut consulter la grande partition d'orchestre ou les éditions de poche ultérieures.

(55) WITTEMAN, *Histoire des Rose-Croix*, Paris, 1925. MAETERLINCK disait dans la préface du tome I de son théâtre, édition de 1921 (FASQUELLE) : « Long-temps encore, à moins qu'une découverte décisive de la science n'atteigne le secret de la Nature, à moins qu'une révélation venue d'un autre monde, par exemple une communication avec une planète plus ancienne et plus savante que la nôtre, ne nous apprenne enfin l'origine et le but de la vie, longtemps encore, toujours peut-être, nous ne serons que de précaires et fortuites lueurs, abandonnées sans dessein appréciable à tous les souffles d'une nuit indifférente ».

(56) Marcel POSTIC, *op. cit.*, a parfaitement analysé, dans son remarquable ouvrage, la démarche de MAETERLINCK : « Maeterlinck ne fait pas de démonstration selon une architecture logique, il ne cherche pas à convaincre par des arguments de raison, il désire persuader en agissant par rayonnement, par irradiation. Au lecteur d'avoir une attitude ouverte et confiante plutôt que prudente et critique ».

(57) CHEVALIER et GHEERBRANT, *op. cit.*

(58) G. BACHELARD, *L'eau et les Rêves, op. cit.*

(59) FASQUELLE, Del Duca, Paris, 1959.

(60) *Id.*

(61) Seules les pièces de circonstances, politiques ou sentimentales, n'ont pas une valeur d'enchaînement dans l'œuvre de MAETERLINCK. C'est une erreur de croire que Mélisande doit son origine à la pièce « Ariane et Barbe Bleue » où l'on trouve en effet qu'une des femmes de ce dernier porte ce nom. ARIANE (1901) a été écrite près de dix ans après PELLÉAS (1892). Mélisande s'y présente en compagnie d'autres héroïnes issues d'œuvres de Maeterlinck qui toutes précèdent Ariane : Aglavaine et Selysette (1896), La Mort de Tintagiles (1894), Alladine et Palomidès (1894).

Dans Ariane, Mélisande ne fuit pas l'univers du Château de Barbe Bleue. Son existence symbolique est fonction de sa présence dans *Pelléas et Mélisande* et aboutira au « Jugement Dernier ».

(62) Vladimir JANKELEVITCH, *Debussy et le Mystère de l'instant*, Plon, 1976.

(63) Jean-Noël BARBIER, *Claude Debussy*, revue Musicale n° 258, Paris, 1964.

(64) L'intérêt que porta Debussy au mouvement des occultistes, à l'époque de Pelléas et Mélisande du moins, trouve une confirmation intéressante dans l'article de Léon Guichard, « Debussy et les Occultistes », in *Cahiers Debussy n° 1*, Minkoff, Genève, 1974.

Les ouvrages cités en références sont essentiels bien entendu, toutefois l'indication de la bibliographie consultée peut être utile à qui souhaiterait approfondir certains aspects d'un sujet que le cadre d'un ouvrage ni trop volumineux, ni trop abscons n'a pas permis de développer.

REMERCIEMENTS

Je tiens à remercier les Editions DURAND, FASQUELLES ainsi que M. L.-M. Van GOITSENHOVEN-MAETERLINCK pour les facilités et les autorisations de reproduction et de citation qu'ils m'ont accordées.

Je ne veux pas oublier Martine BIDEAU, qui décrypta et frappa attentivement mon manuscrit.

Je sais gré à François LESURE, qui m'apporta l'aide précieuse de son autorité dans mes recherches à la Bibliothèque Nationale comme au centre Debussy et accepta de préfacer cet ouvrage.

Je me souviens qu'Ivan SEMENOFF, avant sa mort, alors que je créais son « Sire Halewyn », me mit en relation avec le monde fabuleux de Michel de GHELDERODE en me confiant la correspondance inédite qu'il entretint avec l'écrivain et dont maints passages me firent entrevoir les contrées fascinantes approchées par Maurice MAETERLINCK. J'adresse la même pensée nostalgique à la mémoire d'Antoine GOLÉA, auteur lui-même d'une plaquette enthousiaste sur « Pelléas et Mélisande », reflet de sa profonde sensibilité, et qui s'intéressait à cette analyse. Je témoigne la reconnaissance de mon amitié à Irène JOACHIM, Mélisande inoubliable, qui évoqua souvent pour moi ses souvenirs, et j'exprime une gratitude semblable à Anne-Marie BLANZAT, identifiée au même rôle et aux mêmes intuitions, et dont les interrogations m'incitèrent à tenter d'y répondre.

Enfin, je dois les plus sensibles pensées à ma femme, qui vécut les aléas de ce travail et m'aida à le poursuivre ainsi qu'à ma mère, la première des Mélisande que j'ai rencontrées et qui, sans cesse, interrogea la mort pour mieux appréhender la vie.

BIBLIOGRAPHIE
OUVRAGES CONSULTÉS

ŒUVRES DE CLAUDE DEBUSSY :

Lettres à André Caplet, Rocher, Monaco, 1957.

Monsieur Croche, Gallimard, Paris, 1971.

Lettres de Claude Debussy à son éditeur, Durand, Paris, 1927.

Correspondances de Claude Debussy et J.-P. Toulet, Le Divan, Paris, 1929.

Lettres à deux amis, Corti, Paris, 1942.

Correspondances de Claude Debussy et de Pierre Louÿs, Corti, Paris, 1945.

Claude Debussy : lettres, réunies par François LESURE, Hermann, Paris, 1980.

Bibliographie musicale : voir la bibliographie très complète établie par Marcel DIETSCHY dans *La passion de Claude Debussy,* Ed. A la Baconnière, Neuchâtel, 1962.

ŒUVRES DE MAURICE MAETERLINCK :

- Théâtre : *Les Sept Princesses,* Lacomblez, Bruxelles, 1891.
- Théâtre I, II, III, Lacomblez, Bruxelles, 1902.

Tome I   : *La Princesse Madeleine* (1889)
     L'Intruse (1890)
     Les Aveugles (1890).

Tome II   : *Pelléas et Mélisande* (1892)
     Alladine et Palomides (1894)
     Intérieur (1894).

Tome III : *Aglavaine et Selysette* (1894)
     Ariane et Barbe-Bleue (1901)
     Sœur Béatrice (1901).

- Théâtre : *Monna Vanna* (1902), Fasquelle, Paris, 1935.
- Théâtre : *Joyzelle,* Fasquelle, Paris, 1903.
- Théâtre : *L'Oiseau Bleu,* Fasquelle, Paris, 1908.
- Théâtre : *Le Bourgmestre de Stilmonde* (1918), Fasquelle, Paris, 1920.
- Théâtre : *La Princesse Isabelle,* Fasquelle, Paris, 1935.
- Théâtre inédit : *L'Abbé Setubal*
     Les Trois Justiciers
     Le Jugement Dernier Del Duca, Paris, 1959.

Serres Chaudes, Lacomblez, Bruxelles, 1900.

Le Trésor des Humbles, Fasquelle, Paris, 1949.

La sagesse et la Destinée, Fasquelle, Paris, 1898.

La Vie des Abeilles, Fasquelle, Paris, 1901.

Bulles Bleues, Rocher, Monaco, 1948.

Le Temple enseveli, Lacomblez, Bruxelles.

L'Hôte inconnu, Fasquelle, Paris, 1928.

BIBLIOGRAPHIE GÉNÉRALE

AGRIPPA (Henri Cornelius). – *Philosophie Occulte,* La Haye, 1727 (2 vol.).

ALAIN. – *Idées,* Hartmann, 1939.

ALLEN (Dr C.). – *Les Découvertes modernes de la Psychiatrie,* Payot, Paris, 1951.

ALLENDY (René). – *Le Symbolisme des Nombres,* Paris, 1948.

ANDREAE (Johan Valentin). – *Les Noces chymiques de Christian Rosenkreuntz,* Ed. du Prisme, Paris, 1973.

ANDRIEU (Jean-Marie). – *Maurice Maeterlinck,* Editions Universitaires classiques du XXᵉ siècle, 1962.

ANSERMET (Ernest). – *Les fondements de la musique dans la conscience humaine,* Coll. Langage, A la Baconnière, Neuchâtel, s.d.

ARTAUD (Antonin). – *Maurice Maeterlinck,* La Fenêtre Ardente nº 2, Ambly, 1974.

ARTAUD (Antonin). – *Le Théâtre et son double,* Gallimard, Paris, 1964.

ARTAUD (Antonin). – *Le Théâtre de la cruauté,* Manifeste N.R.F., 1932.

BACHELARD (Gaston). – *La psychanalyse du feu,* Gallimard, Paris, 1949.

BACHELARD (Gaston). – *L'eau et les rêves,* Corti, Paris, 1943.

BACHELARD (Gaston). – *L'air et les songes,* Corti, Paris, 1944.

BACHELARD (Gaston). – *La poétique de l'espace,* PUF, Paris, 1957.

BACHELARD (Gaston). – *La dialectique de la durée,* PUF, Paris, 1950.

BAILLY (Auguste). – *Maeterlinck,* Firmin-Didot, Paris, 1931.

BARRAUD (Henry). – *Les Cinq Grands Opéras,* Seuil, Paris, 1972.

BARRAQUE (Jean). – *Debussy,* Seuil, Paris, 1962.

BARRUCAND (Dominique). – *La catharsis dans la théâtre, la psychanalyse et la psychothérapie de groupe,* EPI, Paris, 1970.

BARUK (Henry). – *Psychoses et névroses,* PUF, 1948.

BAUDELAIRE (Charles). – *Œuvres* (2 vol.), Pléiades, Paris, 1940.

BAYARD (Jean-Pierre). – *La symbolique de la Rose-Croix,* Payot, Paris, 1975.

BÉDIER et HAZARD. – *Histoire de la Littérature française,* Larousse, Paris.

BERNARD (Suzanne). – *Mallarmé et la musique,* Nizet, Paris, 1958.

BINER (Pierre). – *Le Living Theatre,* La Cité, Lausanne, 1968.

BLOY (Léon). – *La résurrection de Villiers de l'Isle-Adam,* Blayot, Paris, 1906.

BOIS (Jules). – *Le satanisme et la magie,* Flammarion, Paris.

BOIS (Jules). – *Les petites religions de Paris,* Chailley, Paris, 1894.

BORNECQUE (Jacques-Henry). – *La vie posthume de Maeterlinck,* « Le Monde », 19 mai 1959.

BOUCHER (Maurice). – *Claude Debussy,* Rider, Paris, 1930.

BRETON (André). – *Manifeste du Surréalisme,* Sagittaire, Paris, 1947.

CARRE (Albert). – *Souvenirs de théâtre,* Les Introuvables, Paris (rééd.), 1976.

CHAILLEY (Jacques). – *Parsifal de Richard Wagner, opéra initiatique,* Buchet-Chastel, Paris, 1979.

CHAILLEY (Jacques). – *La Flûte Enchantée, opéra maçonnique,* Laffont, Paris, 1968.

CHARBONNEL (Victor). – *Les mystiques dans la littérature présente,* Mercure, Paris, 1897.

CHARPENTIER (Louis). – *Les mystères de la cathédrale de Chartres,* Laffont, Paris, 1966.

CHAUCHARD (Louise). – *Le Bouddhisme,* Seghers, Paris, 1977.

CLÉMENT (Catherine). – *L'Opéra ou la défaite des femmes,* Grasset, Paris, 1979.

COMPÈRE (Gaston). – *Le théâtre de Maurice Maeterlinck,* Palais des Académies, Bruxelles, 1955.

CONTE (Arthur). – *L'Histoire d'un siècle* (5 vol.), Hachette, 1970.

CORBIN (H.). - *L'Imagination créatrice dans le soufisme d'Ibn' Arabi,* Paris, 1958.

CREUSOT (Camille). - *La face cachée des nombres,* Dervy-Livres, Paris, 1977.

DAIREAUX (Max). - *Villiers de l'Isle-Adam, l'homme et son œuvre,* Desclée de Brouwer, Paris, 1936.

DANIÉLOU (Jean). - *Les symboles chrétiens primitifs,* Paris, 1961.

DENEN (Maria van). - *Le Merveilleux dans l'œuvre de Villiers de l'Isle-Adam,* Courville, Paris, 1939.

DIETSCHY (Marcel). - *La Passion de Claude Debussy,* La Baconnière, Neuchâtel, 1962.

DONEUX (Guy). - *Maurice Maeterlinck,* Palais des Académies, Bruxelles, 1961.

DUKAS (Paul). - *Ecrits sur la musique,* SEFI, Paris.

ELIOT (A.). - *L'univers fantastique des mythes,* Presses de la Connaissance, Paris, 1976.

ELIPHAS-LÉVI. - *Dogmes et rituels de haute magie,* Rééd. Niclaus, s.d., Paris.

EMMANUEL (Maurice). - *Pelléas et Mélisande de Debussy,* Mellottée, Châteauroux, 1950.

EPES-BROWN (J.). - *L'art du tir à l'arc,* in Etudes Traditionnelles n° 330, Paris, 1956.

ESCH (M.). - *L'œuvre de Maurice Maeterlinck,* Coll. Les Hommes et les Idées, Paris, 1912.

FERCHAULT (Guy). - *Claude Debussy,* La Colombe, Paris, 1948.

FILLOUX (Jean-Claude). - *La personnalité* PUF, Paris, 1973.

FREUD (S.). - *Totem et tabou, psychologie et analyse du moi,* Payot, Paris.

FULCANELLI. - *Le mystère des cathédrales,* Paris, 1964.

FURTWAENGLER (Wilhelm). - *Musique et Verbe,* Albin-Michel, Paris, 1963.

GARDEN (Mary). - *Souvenirs de Mélisande,* Brimborion n° 98. Dynamo, Liège, 1962.

GERARDINO (Adela). - *Le théâtre de Maeterlinck* thèse de doctorat d'université, Paris, 1934.

GERGOUX (Jacques). - *Le symbolisme de Rimbaud,* La Colombe, Paris, 1947.

GERVAIS (Françoise). - *Etude comparée des langages harmoniques de Fauré et de Debussy,* La Revue Musicale n°s 272-273, Paris, 1971.

GERVAIS (Françoise). - *La notion d'arabesque chez Debussy,* La Revue Musicale n° 241, Paris, 1958.

GHELDERODE (Michel de). - *Théâtre Complet* (5 vol.), Gallimard, Paris.

GOLEA (Antoine). - *Claude Debussy,* Seghers, Paris, 1968.

GOLEA (Antoine). - *Pelléas et Mélisande,* Château-Rouge, Paris, 1952.

GOUHIER (Henri). - *La pensée religieuse de Descartes,* Aubier, Paris, 1937.

GRÉGOIRE (François). - *L'au-delà,* PUF, Paris, 1957.

GUENON (René). - *Aperçus sur l'initiation,* Editions Traditionnelles, Paris, 1975.

HALFLANTS (Paul). - *Maurice Maeterlinck,* Librairie I. de Lannoy, Bruxelles, 1914.

HARRY (Gérard). - *Maurice Maeterlinck,* Carrington, Bruxelles, 1909.

HEINDEL (Max). - *Les mystères rosicruciens,* Leymarie, Paris, 1972.

HODEIR (André). - *La musique depuis Debussy,* PUF, Paris, 1961.

HUISMAN (G.). - *Histoire générale de l'art,* Paris, 1938.

HUTIN (Serge). - *Les sociétés secrètes,* PUF, Paris, 1957.

JANKELEVITCH (Vladimir). - *Debussy et le mystère de l'instant,* Plon, Paris, 1976.

JANKELEVITCH (Vladimir). - *La vie et la mort dans la musique de Debussy,* La Baconnière, Neuchâtel, 1968.

JANKELEVITCH (Vladimir). - *Debussy et le mystère,* La Baconnière, Neuchâtel, 1949.

JANKELEVITCH (Vladimir). - *La mort,* Flammarion, Paris, 1977.

JANKELEVITCH (Vladimir). - *Le je ne sais quoi et le presque rien* (3 vol.), Seuil, Paris, 1957.

JANS (Adrien). - *Michel de Ghelderode, ange et démon,* Hachette, Paris, 1972.

JASINSKI (René). – *Histoire de la Littérature française,* Boivin, Paris, 1947.

JAROCINSKI (Stephan). – *Debussy, impressionnisme et symbolisme,* Seuil, Paris, 1971.

JUNG (C.G.). – *L'homme et ses symboles,* Laffont, Paris, 1964.

JUNG (C.G.). – *Exploration de l'inconscient,* Gonthier, Paris, 1964.

JUNG (C.G.). – *Métamorphose de l'âme et ses symboles,* Buchet-Chastel, Paris, 1967.

JUNG (C.G.). – *La dialectique du moi et de l'inconscient,* Gallimard, Paris, 1967.

JUNG (C.G.). – *Les racines de la conscience,* Buchet-Chastel, Paris, 1961.

KAHN (Gustave). – *Symbolistes et décadents,* Saveni, Paris, 1902.

KANDINSKY (Vassili). – *Du spirituel dans l'art,* Denoël-Gonthier, Paris, 1969.

KARDINER (Abram). – *L'individu dans sa société,* Gallimard, Paris, 1969.

KNOWLES (Dorothy). – *La réaction idéaliste au théâtre depuis 1850,* Droz, Paris, 1934.

KNOWLES (Dorothy). – *La réaction idéaliste au théâtre depuis 1890,* Droz, Paris, 1934.

KNOWLES (Richard E.). – *Victor-Emile Michelet,* Vrin, Paris, 1954.

KOECHLIN (CHarles). – *Debussy,* Laurens, Paris, 1956.

LALOY (Louis). – *La musique retrouvée 1902-1927,* Desclée de Brouwer, Poitiers, 1974.

LAVIGNAC (ALbert). – *Le voyage artistique à Bayreuth,* Delagrave, Paris, 1894.

LEBLANC (Georgette). – *Souvenirs (1895-1917),* Grasset, Paris, 1931.

LECOMTE DU NOUY. – *L'homme et sa destinée,* La Colombe, Paris, 1948.

LEIBOWITZ (René). – *Les fantômes de l'opéra,* Gallimard, Paris, 1972.

LEMAITRE (Jules). – *Impressions de théâtre,* 8e série, Paris, 1895.

LÉPINE (Jean). – *Vie de Claude Debussy,* Albin-Michel, Paris, 1930.

LEPINTE (Christian). – *Gœthe et l'occultisme,* thèse de doctorat, Strasbourg, 1957.

LESURE (François). – *Claude Debussy,* iconographie réunie par François Lesure, Minkoff, Genève, 1975.

LESURE (François). – *Premières esquisses de Pelléas et Mélisande,* recueillies par F. Lesure, Minkoff, Genève, 1977.

LETI (Giuseppe) et LACHAT (Louis). – *L'ésotérisme à la scène,* Depollier, Annecy, 1935.

LOCKSPEISER (Edward). – *Claude Debussy,* Fayard, Paris, 1980.

LOVECRAFT. – *Epouvante et surnaturel en littérature,* Bourgois, Paris, 1969.

LUGNE-POE. – *La Parade* (3 vol.), souvenirs de thêâtre, Gallimard, Paris.

LUTAUD (Christian). – *Macbeth dans l'œuvre de Maeterlinck,* Annales, Fondation Maurice-Maeterlinck, 1975.

LUTAUD (Christian). – *Souvenirs shakespeariens dans le théâtre de Maeterlinck,* La Fenêtre Ardente n° 2, Ambly, 1974.

MALLARMÉ (Stéphane). – *La Pléiade,* œuvres complètes, Paris.

MARIE (Gisèle). – *Le Théâtre Symboliste,* Nizet, Paris, 1973.

MARIE (Aristide). – *Gérard de Nerval, le poète et l'homme,* Hachette, Paris, 1914.

MATTHEY. – *Essai sur le merveilleux dans la littérature française depuis 1800,* Payot, Lausanne, 1916.

MAUCLAIR (Camille). – *L'Art de Maurice Maeterlinck - Essai d'art libre,* 1892.

MAUPASSANT (Guy de). – *Contes fantastiques,* in œuvres complètes, Jean de Bonnot, Paris, 1980.

MAZEL (Henri). – *Aux beaux temps du symbolisme,* Mercure de France, Paris, 1943.

MICHAUD (Guy). – *L'aventure poétique du symbolisme* (3 vol.), Nizet, Paris, 1943.

MICHAUD (Guy). – *Mallarmé, l'homme et l'œuvre,* Hatier-Boivin, 1953.

MICHELET (Victor-Emile). – *Les compagnons de la Hiérophanie,* Dorbon Aîné, Paris, 1937.

MONDOR (Henri). – *Mallarmé,* Gallimard, Paris, 1942.

MONTLOIN (Pierre) et BAYARD (Jean-pierre). – *Les Rose-Croix,* Grasset, Paris, 1971.

MORICE (Charles). – *La littérature de tout à l'heure*, Perrin, Paris, 1889.

NADEAU (Maurice). – *Histoire du Surréalisme*, Seuil, Paris, 1964.

NERVAL (Gérard de). – *Œuvres complètes*, Lévy Frères, Paris, 1868.

NERVAL (Gérard de). – *Les illuminés, ibid.*, 1929.

NOVALIS. – *Les disciples à Saïs*, Paris, 1939.

PASQUIER (Alex). – *Maurice Maeterlinck*, La Renaissance du Livre, Bruxelles, 1950.

PÉLADAN (J.). – *Le théâtre complet de Wagner*, Charmel.

PÉLADAN (J.). – *La guerre des idées*, Flammarion, Paris, 1916.

PÉLADAN (J.). – *Traité des antinomies*, Chacornac, Paris, 1901.

PÉLADAN (J.). – *L'art idéaliste et mystique*, Sansot, Paris, 1911.

PERDIGUIER (Agricol). – *Le livre du Compagnonnage* (2 vol.), 1841.

PETER (René). – *Claude Debussy*, Gallimard, Paris, 1944.

PITROU (Robert). – *De Gounod à Debussy*, Albin-Michel, Paris, 1957.

PLATON. – *La République*, dif. éd.

POE (Edgar). – *Œuvres Complètes* (avec les préfaces de Charles Baudelaire), La Boétie, Bruxelles, 1944,

PONTAVICE DE HEUSSEY (Robert de). – *Villiers de l'Isle-Adam*, Savine, Paris, 1893.

POSTIC (Marcel). – *Maeterlinck et le symbolisme*, Nizet, Paris, 1970.

POUILLART (Raymond). – *Maeterlinck et Novalis, ibid. IX*, 1963.

POURTOIS (Anne). – *Maeterlinck ou la réalité des songes*, Revue Europe, juillet-août 1962.

PUIG (Michel). – *Le choix de Debussy*, in l'Arc, Aix-en-Provence, 1965.

RAYMOND (Marcel). – *De Baudelaire au surréalisme*, Correa, Paris, 1933.

RAYNAUD (Ernest). – *En marge de la mêlée symboliste* (3 vol.), Mercure, 1936.

RAYNAUD (Ernest). – *La mêlée symboliste* (2 vol.), Renaissance du Livre, Paris, 1918/1920.

REICH (Wilhelm). – *L'analyse caractérielle*, Payot, Paris, 1971.

REGNIER (Henri de). – *Souvenirs de Villiers de l'Isle-Adam, Jules Laforgue, Stéphane Mallarmé*, Berrard, Paris, 1931.

REY (Anne). – *Erik Satie*, Seuil, Paris, 1974.

RICHER (J.). – *L'ésotérisme de Gérard de Nerval*, Le Griffon d'Or, Paris, 1947.

RODICHEZ (Jacques). – *Le symbolisme au théâtre, Lugné-Poë et les débuts de l'œuvre*, thèse, l'Arche, Paris, 1957.

ROSALATO (Guy). – *Essais sur le symbolique*, Gallimard, Paris, 1969.

SCHOLEM (G.C.). – *La Kabbale et sa symbolique*, Paris, 1966.

SCHURE (Edouard). – *Les Grands Initiés* (1889), Librairie Académique Perrin, Paris, 1960.

SEDIR. – *Les Rose-Croix*, Les Amitiés Spirituelles, Paris, 1972.

SERBANESCO (G.). – *Histoire de la franc-maçonnerie universelle*, Paris, 1963.

SEROUYA (G.). – *La kabbale*, Grasset, Paris, 1947.

SEYLAZ (Louis). – *Edgar Poe et les premiers symbolistes français*, La Cocarde, Paris, 1923.

STROBEL (Henrick). – *Claude Debussy*, Plon, Paris, 1949.

STROWSKI (Fortunat). – *Le théâtre et nous*, Nouvelles Revues critiques, Paris, 1934.

SUARES (André). – *Debussy*, Emile Paul, Paris, 1936.

SUARES (André). – *Musiciens*, Pavois, Paris, 1945.

TARRAB (Gilbert). – *Le Happening*, Revue Histoire du Théâtre, 1968.

TEILHARD DE CHARDIN. – *La place de l'homme dans la nature*, Albin-Michel, Paris, 1956.

TEMKINE (Raymonde). – *Grotowski*, La Cité, Lausanne, 1968.

TEMPLIER (Pierre-Daniel). – *Erik Satie,* Les Introuvables (rééd.), 1976.

TESTU (Claude). – *Essai psychopathologique sur Villiers de l'Isle-Adam,* Jouve, Paris, 1931.

TOYNBEE (Arnold). – *La grande aventure de l'humanité,* Elsevier Sequoia, Bruxelles, 1977.

TOUCHARD (Pierre-Aimé). – *Le théâtre et l'angoisse des hommes,* Seuil, Paris, 1968.

VAILLANT (Annette). – *Deux fois cent ans : Maeterlinck et Debussy,* Preuves, Paris, 1962.

VALLAS (Léon). – *Achille-Claude Debussy,* PUF, Paris, 1949.

VAN ACKERE (J.). – *Pelléas et Mélisande ou la rencontre miraculeuse d'une poésie et d'une musique,* Lib. Encyclopédique, Bruxelles, 1952.

VAN NUFFEL. – *Une lettre d'Albert Arnay sur les Sept Princesses,* Annales de la Fondation Maeterlinck, tome I, 1955.

VERLAINE (Paul). – *Les poètes maudits,* Messein, Paris, 1926.

VIATTE. – *Les sources occultes du romantisme,* Champion, Paris, 1928-1929.

VILAR (Jean). – *De la tradition théâtrale,* l'Arche, 1963.

VILLIERS DE L'ISLE-ADAM. – Œuvres (11 vol.), Mercure de France, 1914-1931.

VIRMAUX (Alain). – *Antonin Artaud et le théâtre,* Seghers, Paris, 1970.

WAGNER (Richard). – *Œuvres en prose* (13 vol.), rééd. Les Introuvables, 1976.

WAGNER (Richard). – *Lettres à Judith Gauthier,* Paris, 1964.

WAGNER (Richard). – *Lettres françaises,* Grasset, 1935.

WIRTH (Oswald). – *Le symbolisme hermétique dans ses rapports avec l'alchimie et la franc-maçonnerie,* Le symbolisme, 1931.

WITTEMANS (F.). – *Histoire des Rose-Croix,* Adyar, Paris, s.d.

OUVRAGES COLLECTIFS

Annales de la Fondation Maurice-Maeterlinck, Wetteren.

Claude Debussy, Hachette, Paris, 1972. Ouvrage collectif : André Boucourechliev, Dennis Collins, Jacques Février, Antoine Goléa, Harry Halbreich, Philippe Jullian, Maurice Le Roux, François Lesure, Claude Samuel, Marcel Schneider.

La jeunesse de Claude Debussy, numéro spécial Revue Musicale, Paris, 1926.

Claude Debussy, numéro du centenaire, Revue Musicale, Paris, 1964.

Debussy et l'évolution de la musique au XXe siècle, ouvrage collectif, C.N.R.S., Paris, 1965.

Historama n° 4, « Les sociétés secrètes », 1976.

Initiation féminine, Sub Rosa, Genève, éd. privée.

Catalogue de l'exposition Maeterlinck, Bibliothèque Nationale, 1962.

La Bible, diff. éd.

Encyclopedia Universalis (20 vol.).

Bachelard, L'Arc, n° 42, Aix-en-Provence, 1970.

Dictionnaire des Symboles (4 vol.), Jean CHEVALIER & Alain GHEERBRANT, Ed. Seghers, Paris, 1973.

Cahiers Debussy, bull. du Centre de Documentation Claude Debussy.

Pelléas et Mélisande, L'Avant-Scène Opéra n° 9, Paris, 1977.

La folie, Feltrinelli, Milan, 1977.

Les grandes civilisations (16 vol.), Arthaud.

Histoire de l'humanité (10 vol.), Laffont, 1969.

TABLE DES MATIÈRES

Achevé d'imprimer
le 25 Novembre 1982
par

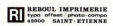

pour
le compte d'EDIMAF
Paris

————

Dépôt légal 4ᵉ Trimestre 82

————

Nᵒ Imprimeur : 115